Schünemann · Georg Heym

KÖPFE DES 20. JAHRHUNDERTS
Band 120

KÖPFE DES 20. JAHRHUNDERTS

Peter Schünemann

Georg Heym

MORGENBUCH VERLAG

Die Deutsche Bibliothek – CIP-Einheitsaufnahme

Schünemann, Peter:
Georg Heym / Peter Schünemann. – 2., unveränd. Aufl. –
Berlin: Morgenbuch-Verl., 1993
(Köpfe des 20. Jahrhunderts; Bd. 120)
ISBN 3-371-00377-9
NE: GT

2. unveränderte Auflage

Satz: Volker Spiess, Berlin
Umschlag: Hauke Sturm, Berlin
Druck: Kösel, Kempten
ISBN 3-371-00377-9

Woran denkst du? Und warum bist du so verloren?
Erliegst auch du der Himmel Trauerspiel?

Für Gabriele

Werk, Lebenszeugnisse und Frührezeption Georg Heyms sind in der von Karl Ludwig Schneider edierten Gesamtausgabe 'Dichtungen und Schriften' vorgelegt worden (Hamburg, 1960 ff., seit 1983: München). Nach ihr wird zitiert (Bandangabe und Seitenzahl nach dem jeweiligen Zitat). Werke anderer Autoren, aus denen zitiert wurde, sind im bibliographischen Anhang zusammengestellt.

I. Rückblick auf die Zukunft einer Anarchie

»Nie wieder in meinem späteren Leben ... habe ich das Gefühl gehabt, einer so unmittelbaren geistigen Naturkraft gegenüberzustehen wie im Fall meines Jugendfreunds Georg Heym. Bei anderen schöpferischen Naturen besteht eine verständliche Einheit von Person und Begabung. Wenn sie sprechen, dann bleibt es dauernd spürbar, warum gerade dieser Mensch dies sagt. Bei Heym sprach sein wahres Wesen und sein Dichten über ihn, den Korpsstudenten und Kammergerichtsreferendar, dauernd hinweg. Man stand vor einem großen Naturschauspiel, zu dem der Mensch Heym eigentlich mehr eine Art denkwürdiger Folie bildete.« (4.8)
So wie dem Jugendfreund David Baumgardt, der diese Sätze vierundzwanzig Jahre nach Heyms Tod niedergeschrieben hat, mag es heute dem ergehen, der die überlieferten Bilder Heyms betrachtet, sich mit seinen Dichtungen zu beschäftigen beginnt. Erst dem zweiten Blick auf das eine oder andere Photo zeigt sich die Schwermut im kräftigen pyknischen Ausdruck des jungen Mannes, dessen Lyrik vor allem die Dichtung des »sogenannten Expressionismus« (Walther Killy) nicht nur eingeleitet, sondern – zusammen mit der Benns, Trakls, Stadlers und weniger anderer – wesentlich bestimmt hat.
Die düstere Seite dieser Dichtung ist an Heyms Biographie kaum abzulesen – in seinen Arbeiten wurde sie sichtbar. Der Welt gegenüber hat er, wie sein Freund deutlich macht (und wie es auch aus seinen Tagebüchern hervorgeht), eine Maske getragen. Der Schüler preußischer Gymnasien, der unter ihrem Drill gelitten, der Korpsstudent, der den paramilitärischen Männlichkeitswahn verachtet hat, der Gerichtsreferendar, der die *Scheißjuristerei* verfluchte, stellte sich als Naturbursche einer Umwelt gern dar, die erst nach seinem Tode zu spüren bekam, was sie übersehen hatte: »Georg Heym, dessen Kraft erst breite Anerkennung fand, als sein grauenvolles Ende der Journaille das Feixen verbot, war, wie seine nachgelassenen Verse zeigen, nicht auf das Makabre beschränkt. Und nach der ersten Lektüre des *Ewigen Tags* schon fühlte ich: Als seiner Farben köstlichste würden mir in der Erinnerung nicht die unheimlichen bleiben, sondern ... die hellenischen: 'Das Dunkel ist im Osten ausgegossen, /

Wie blauer Wein kommt aus gestürzter Urne. / Und fern steht, vom Mantel schwarz umflossen, / Die hohe Nacht auf schattigem Kothurne.'« (Kurt Hiller 1913; s.a. 4.202)
Vielleicht macht aber dennoch diese Biographie auch den Verlauf der expressionistischen Bewegung deutlich, vielleicht kann sie die Kurve beschreiben, die sich, zwischen 1907 und 1910 von den traditionellen Mustern Hofmannsthal, George, Rilke ausgehend, zwischen 1910 und 1912 wie ein entsetztes Hervorbrechen in eine Welt- und Menschenauffassung ausnimmt, das den Zeiten, die kamen, einzig angemessen war. Noch lebte man nur im Klima eines repressiven Bürgertums, in der autoritären Konstellation der späten Gründerzeit, in einer Atmosphäre des zivilisatorischen Überdrusses und vor allem in einer Epoche, der die nahende Katastrophe auf den Leib geschrieben war. Es gibt Tagebuchaufzeichnungen Heyms, die diese Katastrophe wie eine Befreiung herbeisehnen.
Möglich ist, daß sein kurzer Lebensgang exemplarisch gewesen ist. Vielleicht aber hat man dieses Schicksal auch allzu eilfertig unter der Hinterlassenschaft dieser Epoche begraben: im Großen und Ganzen ihrer Erscheinungen. Dagegen spricht nicht, daß er schon kurz nach seinem Tod zu einer Art Mythos wurde. Denn in den Deutungen des *expressionistischen Jahrzehnts*, dem Kurt Pinthus 1920 mit der Anthologie auch den abgründigen Begriff – 'Menschheitsdämmerung' – nachgeschickt hat, sind doch Leben und Gesichter der Einzelnen verschwunden. Auf die nur diesen einzelnen gehörende Rebellion, ihre Utopien, wäre zu verweisen – fern mythischer Vorstellungen, wie Gottfried Benn sie noch 1955 in der Einleitung zu einer Anthologie expressionistischer Lyrik vorgetragen hat (Benn; 4.377–390). In diesem grauen mythischen Umfeld verhallte »die aufgelöste, qualvolle, zerrüttete Existenz ihrer Jahrzehnte«. Wohl war es eine »Generation jäh, blitzend, stürzend, von Unfällen und Kriegen betroffen, auf kurzes Leben angelegt.« Doch wie viele waren das – diese Generation? Nur »die Geringeren derer, die man unter dem Namen *Expressionisten* addiert, zählten in zahllosen Manifesten auf, wogegen man sei: gegen Lüge und Konvention, gegen die Metapher und die Psychologie, gegen den Realismus und gegen die Logik«, doch »dieser sehr deutschen Bewegung, die weder der programmatischen Deklaration, noch der Verkündigung entraten wollte, zugeordnet gab es vorzüglich in der Lyrik einige Große, deren Werk mit jenen Programmen nichts zu tun hat, die aber den Beginn einer neuen Zeit unüberhörbar machten. Trakl, Heym und der junge Benn sind sehr verschiedene Dichter; aber sie verbindet ein unterschiedlich erfahrenes, durchaus ge-

brochenes Verhältnis zur Welt, das jeder Beschönigung entbehrte und dennoch, und auf diese Weise, Kunst hervorbrachte.« (Killy II; XIV)

Der – auch von Benn – verbreitete Mythos vom expressionistischen Jahrzehnt sollte verschwinden im Blick auf ein vierundzwanzig Jahre währendes Leben, das seinen archimedischen Punkt erst wenige Monate vor seinem Ende fand – und dem das nicht unebene Schicksal vergönnt war, den mütterlichen Rat zu empfangen, doch für 'Daheim' oder 'Die Gartenlaube' zu schreiben und einen Vater zu haben, der sich anschickte, die Nachwelt zu bitten, den Toten nicht allein nach seiner dichterischen Hinterlassenschaft zu beurteilen, da man sich im Glauben an die *ewigen Werte* noch habe einigen können.

Es gibt auch andere Gründe, sich diesem Leben zuzuwenden. Und wäre es nur die Frage, was vom literarischen Expressionismus denn alles in allem geblieben ist. Die ins hundertfache gehenden Erläuterungen gehen auf nichts anderes als das Gruppenschicksal zurück. Geblieben sind sorgfältige und über Jahrzehnte kaum verkaufte Editionen, die den einzelnen diesem Gruppenschicksal – vergeblich – entziehen möchten. Nur am Beispiel aller, in Anthologien versammelt, will man das Zeitalter noch besichtigen. Auch findet immer noch – nachdrücklichem Widerspruch zum Trotz – die Formel vom »Sehertum des Grauens« (Pinthus) in den Deutungen der Dichtung ihren Platz. Dabei war, was die Großen unter ihnen sahen, nichts anderes als das Immergleiche im »schrecklichen Fatalismus der Geschichte« (Büchner). Aufklärung also über das Schicksal eines Einzelnen zu erlangen, den diese Generation hervorgebracht hat, hieße vor allem, die Blindheit von Mythen aufzugeben.

Die Realität ihrer Schicksale, wehrlos gegen ihre Mystifizierung, könnte einer »heimlich einbekannten Zeitgenossenschaft« (Rühmkorf, 7) wieder vor Augen geführt werden in dem Gedanken, daß an vielen dieser jungen Menschen, an ihren Dichtungen, das Utopische aller Aufklärung vielleicht ein letztes Mal sichtbar geworden ist: vor einem Horizont zerstörter Humanität. Was über ihren vermeintlichen *Aufbruch* gesagt worden ist, mag ahnungslos erscheinen gegenüber ihrer Angst, daß die Realität ihre Phantasien längst überholt habe. Bei ihren großen Nachfahren: Hans Henny Jahnn, Wolfgang Koeppen und vor allem Arno Schmidt sind ihre wahnhaft erscheinenden Bilder als Wirklichkeit zitiert. Die – von der Forschung längst beseitigte – Kränkung, die sich immer noch erhält, sie seien *Seher* gewesen, müßte ihnen in einer Nachwelt erspart bleiben, die sich am Ausgang dieses Jahrhunderts zur nächsten Selbstzerstörung rüstet.

Waren die Gegenwelten jener Generation wirklich »auf kurzes Leben angelegt«? Hat sich wirklich im Expressionismus – wie Benns Text es nahelegen möchte – so etwas wie ein idealischer Aufbruch vollzogen? Würde nicht damit das, was diese Generation bewegte, in ein Umfeld gerückt, das sie eher mißtrauisch gemieden hat? Sie kehrte doch, mit Nietzsches Hohn auf den Idealismus, der Literatur eines Jahrhunderts den Rücken, die sich, von einer Öffentlichkeit räsonierender Geister fortstrebend, auf einem institutionalisierten Bildungsmarkt wiederfand, wo sich, nach Habermas, das Räsonnement in Konsum, ja in eine »patentierte Kulturindustrie« umgewandelt hatte (Habermas, 194). Fast rührend mußte eine Rebellion wie die ihre in einer technisierten, vom »Wissenschaftlhuber« (Karl Kraus) bestimmten Welt wirken, deren Gesicht sich ihnen bis zur Unkenntlichkeit verändert darbot. Wenn Gottfried Benn noch vierzig Jahre später davon sprach, ihre »Zerschleuderung der Sprache« habe zur »Zerschleuderung der Welt« notwendig führen müssen, so gleicht das eher einer Allmachtsphantasie. So war es wohl auch: ein verständliches Rettungsunternehmen gegenüber einer Welt voller »Beziehungen und Funktionen, sozialen Makulaturen, durch die lief ein Prozeß an sich, eine Wirtschaft als solche, im Vordergrund saß überall eine Flora und Fauna von Betriebsmonaden und alle verkrochen sich hinter Funktionen«. Diese Generation hat wohl unserer, der bald hundert Jahre fortgeschrittenen Zeit gegenüber unaufgegebene Ansprüche anzumelden.
»Von Goethe bis George und Hofmannsthal hatte die deutsche Sprache eine einheitliche Färbung, eine einheitliche Richtung und ein einheitliches Gefühl, jetzt war es aus, der Aufstand begann. Ein Aufstand mit Eruptionen, Ekstasen, Haß. Andere Gestalten traten jetzt auf als die Landschaftsbeträumer und Blümchenverdufter, die dem deutschen Publikum als innige Poeten aufgeredet wurden«: so Benn. Es schien der Zeit gemäß, die empfangenen Affekte zu »methodisch betriebenen Umformungen der Wirklichkeit« (Rühmkorf, 21) aufzuwenden. Bei Heym war es die kalte Aggressivität, die allein sich noch als fähig erwies, auf ein Bürgertum zu reagieren, dessen Unterdrückungsgewalt in den Apparaten aufgegangen war, von denen es sich am Ende lenken ließ. Die Würgmale dieser Institutionen waren an den überkommenen Versformen, derer man sich bediente, ebenso zu erkennen wie an den gestanzten Berufslaufbahnen, an die viele dieser Generation abgeliefert wurden: Justiz und Militär.
Aber in den Gegenwelten ihrer Dichtung erschien vor allem eins: ihre eigene Geschichte. Der Neigung, das Allgemeine im Besonderen

zu sehen, muß mit dem Einwand begegnet werden, daß dieses Allgemeine sich beim Blick auf den Einzelnen weniger einheitlich zeigte, in seiner bitteren Desparatheit aber besser erkennen lasse. So verschwänden nicht nur einhellige Urteile, mit ihnen auch schlechte Mythen. Abzuleiten wäre gleichzeitig (zum Beispiel) an Heym die Schuld einer Nachwelt, der vor allem seine Lyrik, kaum aber seine Prosa und seine dramatische Hinterlassenschaft der Beschäftigung wert erschienen sind – einer Forschung zum Trotz, die sehr aufmerksam gerade mit diesem Teil des Werkes umgegangen ist. Sein dramatisches Werk stand gleichsam im Hallraum zwischen den historischen Trivialitäten seiner Vergangenheit und der Bühnendichtung seiner Generation, die wenig Zukunft gehabt hat. Es wäre nicht das Geringste, wenn man in den großen Passagen dieser Dramen Frühformen der Lyrik entdeckte.

Nicht nur in seinen Dramen lebte er in großen Traditionen. Aber was hieß das für ihn: Traditionen? Es hieß, identifikable Gestalten in Lebensnähe zu wissen; eines Lebens, das im Felde des Funktionalismus und des Betriebsmonadentums von der Furcht überschattet war, die Fähigkeit zu subjektiver, das heißt unvermittelter Erfahrung zu verlieren. So verstand er in der eigenen Kunst auch die der Vorfahren als die vielleicht letzte Möglichkeit, die schon von Ruinen gezeichnete Welt seiner Epoche vor der historisch nur zum Schein entrückten zu sehen; so liebte er »alle, die in sich ein zerrissenes Herz haben, ... Kleist, Grabbe, Hölderlin, Büchner ... alle, die oft so an sich verzweifeln«, wie er »fast täglich« an sich verzweifelt ist (3.128).

Damit ist auch das »Bebengebiet von besonderer Eigenart« (Rühmkorf, 11) zur Sprache gebracht: der Generationenkonflikt. Er geistert durch die Deutungen der Epoche, als sei hier Sonderliches vorgefallen. Wohl erschien die Gründerzeit der Archäologie in diesem Landstrich besonders günstig, aber die Quellen und Zeugnisse zur Geschichte des Familiendramas, derer sie sich dann endlich bemächtigt hat, blickten doch auf altgewordene Erfahrungen zurück. Immerhin ließ sich mit ihrer Unterstützung das Zeitalter schärfer beleuchten. Der Konflikt trat bei Heym (unter anderem) in der Hülle eines tapferen und gänzlich folgenlosen Atheismus hervor; er projizierte sich den (wohl jähzornigen, aber doch zarten und ängstlichen) Vater als Monument an den Himmel, um die Szenerie dieses Konflikts kräftig ausleuchten zu können: »Könnte man den Dämon, der sich die Welt aus den Fingern rollen ließ, einfangen, man müßte ihn in Ketten legen und auspeitschen, damit er nicht noch ein anderes Mal im Kosmos ein solches Unheil stifte.« (3.134)

Besieht man sich diese Rebellion genauer, so tritt vor allem eins hervor: die Verankerung bürgerlicher Binnennormen. Dieses Ich hat die Kraft eines aufgeklärten Atheismus nicht erlangen können. Wohl hat es seine Niederlage gesehen – und einbekannt: in späten Gedichtstrophen ist das festgehalten. Ihr düsterer Kosmos schien die Trennung von Idee und Materie aufzuheben – und der Hohn auf die von einem Gott errichtete Welt kam in düsteren Naturbildern aufs Wort, in denen dieses Ich als eigener Schöpfer zu walten schien – doch immer noch in »einem Tale, das vom Jammer schallt« (Brecht).

Vielleicht hätte ihn die große Tradition der Aufklärung freier gemacht – schon im Blick auf die Zweifel Lichtenbergs, ob die Erscheinungen (die die Wissenschaft als erkennbar auszurufen liebte) wirklich so seien wie man sie sich vorzustellen eingeübt hatte. Doch diese Tradition war in seinen Jahren verurteilt, zwischen Scharteken zu vermodern. Den »langweiligen Lessing«, an dem er »beim besten Willen kein Vergnügen« fand (3.8) – und dem ein Abituraufsatz galt, der allein schon dem gymnasialen System seiner Jahre alle Strafen der Hölle auf den Hals bringen müßte – hat er im Grunde nie zu lesen gelernt – nimmt man ein Prosawerk aus, auf das ihn mehr Zufall als Neigung (mit eindrucksvollen Konsequenzen) geführt haben mag. Doch davon später.

Andere Traditionen, die der Antike allemal voran, gehörten ihm zum »metaphysischen Land ..., das seine schwarzen Halbinseln weit herein in unsere flüchtigen Tage streckt« (3.164). Er gewann sie jenseits einer Väterwelt, in der Bildung nicht mehr der Bau einer Welt innerhalb des Individuums gewesen ist. Im Gegensatz zu andern mag bei ihm Verachtung, eher Indolenz den offenen Konflikt mit dieser Väterwelt verhindert haben – eine Faszikel an das Provinzialschulkollegium, die an Aggressivität nichts zu wünschen übrig ließ, blieb im Entwurf liegen, und nur im Tagebuch wurden die Lehrer »Mörder meiner Jugend« genannt.

Abseits vom literarischen Kanon lag zumeist, was er las; was er an sich zog, suchte die Identität mit jenen, denen auf Erden nicht zu helfen war. Der Schwermut, die aus der Düsternis seiner größten Wortfolgen sprach, wäre sicher ein Anblick anderer Ängste abzugewinnen, als sie ein mächtiges Über-Ich verursacht hat.

War sein Ausbruchsversuch in eine neu sortierte Wirklichkeit exemplarisch? Ging das anarchische Element in seinen Versen auf nichts als die Zerstörung der seiner Zeit dargebotenen Realitäten aus? Oder bliebe nicht am Ende bedeutend allein die Anteilnahme an diesem Schicksal und dem Werk, das es hervorgebracht hat – mithin also die

Frage, wie es sich abhebe von der *expressionistischen Bewegung*, deren einzelne Erscheinungen – bis auf verschwindende Ausnahmen – einander im Leben so fern geblieben sind wie die Gräber in Berlin (Heym, Benn), bei Zandvoorde (Stadler), Horodec (Stramm), Mühlau (Trakl), Jerusalem (Lasker-Schüler)?
»Ich glaube wohl«, so hat er am 10. Dezember 1911 in sein Tagebuch geschrieben, »in 300 Jahren werden die Menschen sich an den Kopf fassen, wenn sie unsere Leben sehen. Sie werden sich wahrhaftig fragen, wie die Günther.Lenz.Kleist.Grabbe.Hölderlin.Lenau, die Hoddis, Heym, Frank überhaupt soweit durchgekommen sind. Und wie es für diese Naturen ... in dieser trüben und vor Wahnsinn knallenden Zeit überhaupt noch möglich war, sich durchzuschlagen.« (3.175)

II. »Ich bin von fremden Welten herverschlagen«

1. Lebensdaten 1887–1900

Geboren am 30. Oktober 1887 als ältestes Kind des Staatsanwalts Hermann Heym und seiner Ehefrau Jenny (geb. Taistrzik). 1892 wird der Vater nach Posen versetzt; seit 1893 besucht Georg Heym die Grundschule. Ein Jahr darauf befördert man Hermann Heym zum Ersten Staatsanwalt in Gnesen. Ostern 1896 tritt Georg Heym in das dortige Gymnasium ein. Um die Monatswende Juli/August wird der Vater nach Posen zurückversetzt. Georg Heym wird in das Friedrich-Wilhelms-Gymnasium dortselbst umgeschult. Vom Herbst 1899 bis Herbst 1900 hält sich der Staatsanwalt Hermann Heym in einem Sanatorium auf. In diesen Monaten entstehen die ersten Gedichte des Sohnes. Ab Herbst 1900, neuer Wohnsitz der Familie ist Berlin-Schöneberg, versetzt man Hermann Heym an das Reichsmilitärgericht. Seit Oktober dieses Jahres besucht Georg Heym die Untertertia des Königlich Joachimsthalschen Gymnasiums in Wilmersdorf.

2. Herkunft

»Meine Kindheit verging in einer schlesischen Bergstadt wie alle Kindheiten, langweilig und träumerisch«, schrieb er im Februar 1911 an seinen Verleger Ernst Rowohlt. Die biographische Notiz, die diesen Satz enthielt, sollte einer freien Seite (am Ende des ersten Gedichtbandes), die das griechisch geschriebene Wort *Telos* »in der Mitte« tragen sollte, folgen (3.236). Sie unterblieb – und hat sich als eine der verschwindend wenigen autobiographischen Anmerkungen nur in diesem Brief erhalten. War nicht aufhebenswert, was so *langweilig und träumerisch* vorübergezogen ist?
Wenn es wahr ist, daß einer, nach einem Wort Friedrich Schlegels, mit allem, was er schreibe, ein Selbstbekenntnis abliefere, dann haben (wie Florens Christian Rang das einmal in einer autobiographischen Notiz festgehalten hat) »die fahlen Blitze innerer Angst Erinnerungslicht« auch auf diese weitgehend ins Dunkel gehüllte Kindheit geworfen (Rang, 60). Mit Hilfe der kargen Überlieferung aus seiner Frühzeit sind Rekonstruktionen gleichwohl möglich. Sie dienen dem Verständnis eines dichterischen Werks, das vor allem auf

die Geschichte seines Schöpfers reagiert hat. Nicht zufällig gleichen freilich die Gesichter seiner unerlösten Kinderängste mehr und mehr den Fratzen einer Realität, in der er zu leben hatte.

Die Landschaft um Hirschberg in Schlesien, »in anmuthiger Lage am Einfluß des Zackens in den Bober«, wie ein zeitgenössisches Lexikon vermerkt, in der er Ende Oktober 1887 zur Welt kommt, wird nie unmittelbar in den Dichtungen hervortreten. Kaum auch das Hügel- und Seenland um Gnesen, das Land um Posen, wo das Kind bis zu seinem dreizehnten Jahr leben wird – träumerisch allenfalls und in einer Phantasien fördernden Naturnähe, die, man könnte sagen: halblaut, in Naturdichtungen eingeht, die bis an sein Ende – endlich in furchtbar gewandelter, schon natur*ferner* Gestalt – das Werk wesentlich bestimmen. Vieles wird der Amnesie verfallen sein; und fast unverhofft taucht unter den Gedichten des Zwanzigjährigen ein mehrstrophiges Gedicht auf, das man kaum ein reales Stück Erinnerung wird nennen können. Es wirkt eher wie ein von der historischen Subjektivität fortgehaltenes Medaillon. Gegenstand ist Gnesen, eine der ältesten Städte des früheren Königreichs Polen, damals Kreisstadt im preußischen Regierungsbezirk Bromberg, die bis ins frühe 14. Jahrhundert Krönungsstadt der polnischen Könige gewesen ist. Die ersten Strophen lauten: »Polen, schönes Land / Wo die Trauer wohnt, / Wo die Frauen weinen, / Wenn der weiße Mond / Auf Polens Seen glänzt. / Wenn der alte Dom, / Wo Polens Fürsten schlafen / Manch Jahrhundert schon, / In der Abendsonne brennt, / Rauschen sie in ihren Grüften / Mit den alten Wehrgehängen ...« (1.648). Unmittelbar erscheint eine andere Strophe aus derselben Zeit: »Viele Türme ragen aus dem grauen Meer, / Die hochbedachten Häuser stehen gedrängt, / Schmalbrüstig, eins vom andern eingeengt, / Und Gaß und Gäßchen irren kreuz und quer.« (1.654) Die hier verwendeten Nomina haben allerdings zur Zeit dieser Niederschriften schon metaphorischen Charakter angenommen: Türme, Meer, Häuser, Straßen, Seen, Mond und Grüfte. Setzt man voraus, in diesen beiden Gedichten spreche sich unverhüllte Erinnerung aus, so wäre den Gegenständen (die in der Lyrik dieser Zeit immer unkenntlicher zu werden beginnen) hier ihre ursprüngliche Bedeutung zurückerstattet worden.

Bleibt über viele Jahre hin die Natur noch die lindernde Gegenwelt, so wird sich etwa zwischen 1910 und 1911 im Blick auf sie immer rascher ein Wandel vollziehen. Mit den in Naturbilder überführten Empfindungs- und Erinnerungswelten wird auch Licht in das Dunkel dieser Kindheit kommen: die fahlen Blitze nie überwundener

Ängste: »Da geht ein leises Zittern durch das Zimmer. / Wie Nachwehn fernen unterirdischen Lebens. / Und jählings fährt der Knabe auf, mit beiden / Händchen wehrt er sich gegen das Furchtbare, / Das ihn mit kaltem Fittich streifte. / Und solche Angst würgt ihm die Kehle, daß / Ganz still er mit Entsetzen stieren Augen liegt.« (1.590)
Das ist ein erster Einblick in die Anamnese. Folgende Daten sind ihr beizugesellen: Der Vater, Hermann Heym, nach einem Zeugnis »der typisch energiebetonte preußische Beamte der Kaiserzeit«, nach einem anderen »sehr schwermütig, stark religiös eingestellt« (4.86/91), siebenunddreißigjährig, als der Sohn, das erste Kind, zur Welt kommt, ist seit 1883 Staatsanwalt in Hirschberg. Er hat dort 1879 Jenny Taistrzik, die Tochter eines Gerichtspräsidenten und Gutsbesitzers, geheiratet. Man versetzt ihn 1892 nach Posen, 1894 nach Gnesen, 1899 abermals nach Posen. Als Staatsanwalt muß er der Vollstreckung von Todesurteilen beiwohnen. Diese Konsequenz einer Tätigkeit in der preußischen Justiz verursacht einen schweren Nervenzusammenbruch, der einen einjährigen Sanatoriumsaufenthalt notwendig macht.

3. Die Eltern

Tritt im Tagebuch, das der Siebzehnjährige zu führen beginnt, der Vater hie und da deutlicher als die Mutter hervor, so bleibt doch das Abbild der beiden Portalfiguren seines Lebens eigentümlich blaß noch im Aufriß der gegeneinander geordneten Herkünfte: »daß ich aus 2 ganz verschiedenen Menschen bestehe ..., die nüchternen Heyms und die höher angelegten Taistrziks ... Manchmal haltlos schwärmend und den Wirklichkeitsmenschen verachtend, manchmal nur dieser, und ein schlechter dazu, und den Träumer bespöttelnd« (3.72). Selbst die Schärfe zweier Eintragungen, die den Ambivalenzkonflikt sichtbar machen, gewinnt nicht die Kontur, an der die Wirklichkeit der Familiengeschichte deutlich werden könnte. 25.5.1906: »Wie gern würde ich mit meinem Vater besser stehen, sehe ich doch, wie er um mich leidet, aber er kann nicht verstehen, daß ich, wenn ich mir nicht meinen Trotz gegen diese Kleinlichkeiten bewahre, zu Grunde gehen muß.« (3.49) 3.11.1911: »Ich wäre einer der größten Dichter geworden, wenn ich nicht einen solchen schweinernen Vater gehabt hätte. In einer Zeit, wo mir verständige Pflege nötig war, mußte ich alle Kraft aufwenden, um diesen Schuft von mir fern zu halten.« (3.171) Fünf Jahre liegen zwischen diesen beiden Notizen. Die zuletzt zitierte wird in einem Moment verfaßt, der die Äußerung – objektiv –

absurd macht. Der Sohn wohnt zwar, mit wenigen Unterbrechungen, bis an sein Lebensende im elterlichen Haus, ist aber aus dessen Schatten längst hervorgetreten und einem Vater, »der an einer Art religiösem Wahnsinn und Versündigungswahn« litt, ferner denn je (3.140). Die Kraft, die hier allein zur Zurückweisung des väterlichen *Schuftes* aufgewendet schien, war – in einer ganz anderen Richtung – in das Werk eingegangen, das ihn (und deshalb steht der Satz da) zu *einem der größten Dichter* seiner Epoche gemacht hat. Die Durchsetzung dieser Dichtung hat andere Gründe als das phantasierte Hemmnis des preußischen Militäranwalts. Bedenkenswert bliebe dabei vor allem, daß die ersten dichterischen Versuche in den Monaten beginnen, als Hermann Heym nach seinem Nervenzusammenbruch (Herbst 1899 bis Herbst 1900) ein Jahr lang – in einem Sanatorium psychiatrischer Obsorge anvertraut – der Familie ferngeblieben ist. Der Lebensnachtrag dieses Mannes sah folgendermaßen aus: Er rückt 1914 als Reserveoffizier ins Feld, 1916 wird er abermals in eine Nervenklinik eingeliefert: »Die schon immer bestehende Schwermut ließ ihn nicht mehr am Leben teilnehmen« (Balcke; 4.39). Diese Daseinsschwermut hat den Vater auf eine paradoxe Art mit dem Sohn verbunden. Der Vater verrieselte buchstäblich in dem tief verinnerlichten Ordnungswahn seines Amtes. Plötzliche Jähzornsausbrüche des Depressiven, die in Teilnahmslosigkeit verebben, sind die einzige Antwort auf diesen Druck gewesen. Beim Sohn sind diese Verfinsterungen ins Werk eingegangen.

Der Achtzehnjährige hat in der Neuruppiner Verbannung in einer längeren Tagebucheintragung vom Leben »eines Freundes« erzählt: die Mitteilung wird rasch durchsichtig als autobiographische Notiz. Von den Begründungen dieses Versteckspiels, auch vor sich selbst, wird später zu sprechen sein. Ein Abschnitt dieser Notiz lautet: »O er hätte wunderbare Früchte getragen, wenn ihm von seiner Kindheit an von verstehenden Händen sein zartes Leben, das nach Liebe suchte und sie nirgends so fand, wie er sie träumte, wäre behütet worden. Der Vater war ein seelenguter Mann, aber er war fürchterlich jähzornig, und das bohrte sich dem Kinde so ins Herz, daß es seinen Vater zu fürchten anfing. Die Mutter war auch eine gute Natur. Und sie liebte der Knabe mit seiner Seele, und zu ihr floh er vor dem Vater. Aber als der Knabe wuchs, da verstand sie ihn nicht mehr. Ihr wurde bange um ihn, wenn er sich ihr verschloß.« (3.27)

Welche Einwirkung eine gewisse Selbstmystifizierung, auch literarisierte Formen eines phantasierten Liebes-Ideals auf diesen Text gehabt haben mögen, bleibe ungeprüft angesichts von Äußerungen, denen man die reale Grundlage ansieht. Der Flucht zur Mutter wird eine Erfahrung entgegengestellt: die einer zunehmenden Entfremdung. Der Text will den Eindruck vermitteln, als sei sie erst später eingetreten.

Jenny Heym wird geschildert als »eine stille, zurückhaltende Frau ..., die aber niemals innere Verbindung zu ihrem Sohn finden konnte« (4.39). Eine eindrucksvolle Eintragung im Tagebuch, es ist, im Dezember 1911, eine der letzten überhaupt, verstärkt diese Vermutung. Die Notiz hält ein Gespräch des Vierundzwanzigjährigen mit der Mutter fest, in dem sie sich wie folgt äußert: »Du hast keine edle Seele. Sowas kann ich nicht lesen ... Warum schreibst Du denn nicht im *Daheim* oder in der *Gartenlaube.*« (3.175) Befremdlich können die Gründe sein, die nur diese eine direkte Äußerung der Mutter im Tagebuch zuließen. Ihre Hervorhebung erscheint aber so bezeichnend, daß die hier ausdrücklich festgehaltene Entfremdung von einem Menschen, zu dem das Kind einst *floh*, eine Vorgeschichte gehabt haben muß. Ihr wäre dann um so eher nachzugehen, wenn sie im Werk, das den Begründungszusammenhang für diese Emtfremdung – der Notiz nach – bildet, sich einmal auffinden ließe.

Am 25. März 1889, genau siebzehn Monate nach der Geburt ihres ersten und einzigen Sohnes, bringt Jenny Heym ein zweites Kind zur Welt: Es ist Gertrud, von der im Tagebuch einmal als Epileptikerin die Rede ist (und die allem Zeugnis nach tief in den Schatten des brüderlichen Lebens getreten ist). Vermutung muß bleiben, ob das Kind der Behinderung wegen (mag sie nun hereditär gewesen oder durch Gehirnschädigungen bei der Geburt ausgelöst worden sein) besonderer Zuwendung bedurfte. Sicher ist wohl, daß dem kaum anderthalbjährigen Sohn in einer bedeutenden Frühphase seines Lebens die Zuwendung der Mutter kaum zuteil geworden ist. Auch ein durch solche Bedingungen erzwungener Entzug an Zuwendung hat in diesem Alter absehbare Folgen in ungelinderten Ängsten. Im Oktober 1911 kommt diese Erinnerung zurück:

Die Finsternis raschelt wie ein Gewand,
Die Bäume torkeln am Himmelsrand.

Rette dich in das Herz der Nacht,
Grabe dich schnell in das Dunkele ein,
Wie in Waben. Mache dich klein,
Steige aus deinem Bette.

Etwas will über die Brücken,

Es scharret mit Hufen krumm,
Die Sterne erschraken so weiß.

Und der Mond wie ein Greis
Watschelt oben herum
Mit dem höckrigen Rücken.
(1.401)

Daß das nachhallende Kinderentsetzen in die Sterne projiziert wird, ihr *weißes Erschrecken* von alten Ängsten spricht, mag für die Zukunft seiner Lyrik (die sich, aus diesen Gründen wohl, immer wieder kosmischer Bilder bedient) ebenso hervorzuheben sein, wie die sich immer entsetzlicher wandelnden Bilder vom Mond, der in der Kindheit das Gespenst eines *watschelnden Greises mit höckrigem Rücken* gewesen sein mag: *Tetrarch, blutiger Tyrann, Ungeheuer* wird er später, der reichen Vorstellungsgabe des vereinsamten Kindes gemäß, genannt.

Ebenfalls im Jahre 1911 wird die Novelle 'Jonathan' geschrieben. Sie enthält die Sätze: »Und sein Bett schien mit ihm auf einem höllischen Strome herunterzuschwimmen, dessen ewige Kälte in die ewige Starre einer verlorenen Wüste endlos zu laufen schien ... und das Entsetzen flog wie ein riesiger weißer Vogel durch die Treppen und Säle ... Das Gebrüll starb langsam ab, es ging in ein leises Gewimmer über, und der Aufstand der Schmerzen endete in Tränen, Schlaf und stumpfer Resignation.« (2.38–47)

Die alten Angstphantasien vom höllischen Strom, der ewigen Kälte, der Verlorenheit in der Wüste, bestimmen die Dichtung bis an ihr Ende: in immer gewaltiger werdenden Phantasmagorien. Aber im Vereinsamungstopos, von dem sie dann immer schrecklicher reden, hallt auch etwas nach, was Ludwig Wittgenstein 1929 in einer autobiographischen Notiz so beschrieben hat: »Wer ein Kind mit Verständnis schreien hört, der wird wissen, daß andere seelische Kräfte, furchtbare, darin schlummern, als man gewöhnlich annimmt. Tiefe Wut und Schmerz und Zerstörungssucht.« Auch von dieser Rebellion wird die Dichtung sprechen. Sie wird am Ende zu einem immer atemloseren Anreden gegen die Todesangst, die erst spät dem Bild eines milden Todes weicht: »Und die uns niemand gab, / Er gibt uns Heimat.« (1.153)

Die für verloren gehaltene Liebe war wohl nach seiner Vorstellung allein durch Ruhm (der auf atavistische Machtwünsche zurückgeht) zurückzugewinnen. Bei der Mutter ist er mit dem, was diesen Ruhm anderwärts zu begründen half, nach eigenem Zeugnis gescheitert. Ein

Traum, auf den noch zurückzukommen ist, hat freilich den Wunsch aufbewahrt, gerade ihrer Liebe (durch Gewinn von Ruhm) gewürdigt zu werden. Ihrem Ideal ist er quer durch zahllose Liebschaften nachgejagt – wahre Beutezüge wurden da veranstaltet –, die er alle selbst abgebrochen hat: ein Racheakt für die vermeintliche oder reale Liebesversagung, eine Abwehr auch der Angst, noch einmal allein gelassen zu werden. Denn »dann kommt immer wieder in mir diese alte Melancholie, diese *Kinderkrankheit*, auf. Ich ahne immer, ehe ich überhaupt schon Liebe gefunden habe, die Trennung.« (3.6) Hervorgehoben wurde (vom Vf.) im Text das Wort, das diese Ahnung begründet. Soweit zu sehen, wiederholt sich nur in einem Fall (Mary, Sommer 1909) der in der Kindheit erfahrene Verlust: Heym zerbricht fast daran. In den letzten Monaten seines Lebens war Hildegard Krohn wohl die einzige, die für die nie verwundene Entbehrung nicht mehr hat büßen müssen. Vielleicht verdankt der Liebe zu diesem Mädchen sich die Ironie, mit der die lieblose Begriffsstutzigkeit der Mutter im Tagebuch festgehalten wird, der Stärke, die das Ich in der Liebe zu diesem Mädchen zurückgewonnen hat. Doch im letzten Lebensmonat entstehen noch die Verse: »Wie in weiten Gemächern / Fern eine Stimme ruft. / Und du gehst und suchst. / Niemand ist da. / Nur ein Vorhang fällt dunkel zu.« (1.502)

4. Ende einer Kindheit

Notiz vom 4. März 1909: »Ich habe mir wieder einmal ein Bild von mir angesehen, wie ich als kleiner Junge war. Ich hätte nie älter werden mögen wie vielleicht 4, 5 Jahr.« (3.125) Verhüllt hat sich dieser Regressionswunsch weithin zeichenhaft in den Dichtungen, auch im Halbzitat eines Kinderverses, der ganz anderen Bestimmungen zu gehorchen hat als denen, über die er zunächst so harmlos spricht:

Alle Tiere unten im Wald und Gestrüpp
Liegen mit Häuptern sauber gekämmt,
Singen den Mond-Choral. Aber die Kinder
Knien in den Bettchen in weißem Hemd.

Meiner Seele unendlicher See
ebbet langsam in sanfter Flut.
Ganz grün bin ich innen. Ich schwinde hinaus
Wie ein gläserner Luftballon.
(1.482)

Die *sauber gekämmten Tiere* sind schon vom ironischen Blick getroffen, der am Ende die Transformation einer Ansicht von Natur erfaßt, mit der die Jahrhundertwende endgültig abzuschließen schien: Das Grüne draußen, in dem es doch einmal so schön gewesen war, ist innen. Im Sprechen von Natur wird wohl zum einen die Entfremdung wieder aufgehoben, die zwischen sie und den Menschen getreten war, aber die Verszeile weist auch voraus auf die Konsequenz, die das industrialisierte Zeitalter den Sensiblen aufzwingt: »daß der Mensch wieder in einen vorindividualisierten Zustand« zurückfällt, »der dem bewußtlos ununterschiedenen Naturzusammenhang« entspricht (Piel, 25–26), aus dem er einst hervorgegangen ist. Metaphorisch bricht dieses Strophenpaar die Kindheit ab, indem es ein Bild von Natur auflöst, das nur ein Mittel der Beschwichtigung gewesen ist und das »Entsetzliche und Raubtierartige der Sphinx Natur« (Nietzsche, 3.277) verhüllte. So wird Natur auch zum Abbild dieses »Chaos von Rhythmen und Bildern«, das, nach einem Wort Trakls, das »Innerste durchrast«. Nicht als Phantasmagorie, sondern als die Wirklichkeit eines anderen Lebens.
So ist die Feststellung, er habe sich in der Familie »innerlich als Fremder« gefühlt (4.91), nicht allein aus der Konstitution des militäranwaltlichen Haushalts zu deuten, sondern auch aus dem Bewußtsein erlangter Macht durch Erkenntnis. Die Abwendung war abrupt. »Im Durchsetzen seiner persönlichen Wünsche namentlich zu Hause, seinem schwächlichen kleinen Vater gegenüber, neben dem er wie ein Hüne wirkte, und auch bei seiner Mutter, konnte er rücksichtslos und fast brutal werden.« (4.91) Wohl glich die autoritäre Wut, mit der er sich die Familie fernhielt, noch in der Abwehr der väterlichen Mächte der Zeit diesen Mächten selbst, aber das wurde fast gleichgültig vor der anderen Frage: »Mit wem kämpfe ich eigentlich? Wo ist dieses Scheusal, das sich mir niemals stellt? Vielleicht giebt es Menschen, die durch einen Irtum des Schicksals in eine falsche Zeit gestellt worden sind.« (3.172)
Ende einer Kindheit: Im Herbst 1900 wird Hermann Heym als Militäranwalt ans Reichsmilitärgericht in Berlin versetzt. Sein Sohn tritt in die Untertertia des Königlich Joachimsthalschen Gymnasiums in Wilmersdorf ein. Drei Jahre später finden die Eindrücke, die ihm begegnen, auf den Vers: »Ich bin von fremden Welten herverschlagen« (1.529). Man kann das lesen als eine fast tonlose Replik auf den Schock, den die Großstadt verursacht.
Berlin ist um die Jahrhundertwende nicht irgendeine Großstadt wie Prag oder Wien. Die Stadt hat sich, in der knappen Frist von sechs

Jahrzehnten von der biedermeierlichen Residenz in eine Landschaft »ungeheurer Werkstätten, Kraftspeicher, Fabriklager« verwandelt (4.128). Ein Kind wird, nach Jahren in Provinzstädten, die sich behäbig noch kaum den Verhältnissen des industrialisierten Jahrhunderts anbequemt haben, in ein auf den Ankömmling wie ein Wahngebilde wirkendes steinernes Meer gestoßen. Der Schock wird nur mühsam verarbeitet. Das geschieht mit Bildern, die sich unverkennbar an jene schließen, die einst den frühkindlichen Ängsten entsprungen sind. Es wird ein Überlebenskampf gegen die unversehens externalisierten Dämonen: »Sie wandern durch die Nacht der Städte hin, / Die schwarz sich ducken unter ihrem Fuß. / Wie Schifferbärte stehen um ihr Kinn / Die Wolken schwarz vom Rauch und Kohlenruß ...« (1.186). So wird das elf Jahre später erinnert. Aber die Angstabwehr hat sich zugleich, in der Identifikation mit dem Angreifer, souverän gewandelt. Die Dämonen sind zu gewalttätigen Inkarnationen des Ich geworden, die das, was diesem Ich einst Gewalt angetan hat, selbst mit Vernichtung überziehen: »Der Städte Schultern knacken. Und es birst / Ein Dach, daraus ein rotes Feuer schwemmt. / Breitbeinig sitzen sie auf seinem First / Und schrein wie Katzen auf zum Firmament.« (1.187)

Ende einer Kindheit: Noch hatten die Kindheitsschrecken ihre Linderung in den Märchen, den heroischen Legenden gefunden, mit denen das Kind zu leben sich angewöhnt hatte. Doch die Ängste blieben erhalten. Auf ihnen gründet die Kälte, mit der der junge Mann auf die neue Welt reagieren wird, die ihn »wie ein Riese in der Nacht« (1.320) empfangen hatte.

III. Der Gymnasiast oder die Verbannung

1. Lebensdaten 1900–1907

Vom Oktober 1900 bis Ostern 1905 geht Georg Heym in Berlin zur Schule. Er wird nicht in die Oberprima versetzt, erhält am 12. April 1905 sein Abgangszeugnis und wird am 26. April nach Neuruppin ans dortige Friedrich-Wilhelms-Gymnasium geschickt. Er wird Mitglied einer verbotenen Schülerverbindung. Michaelis 1905: Versetzung nach Oberprima. In der zweiten Jahreshälfte 1906 publiziert der Neunzehnjährige in der Schülerzeitschrift 'Kreißende Sonnen' zwei Gedichte. Im Herbst weist man sein Gesuch um Zulassung zur Reifeprüfung zurück; am 18. Dezember reicht er das Gesuch erneut, und diesmal mit Erfolg, ein. Schriftliche Prüfung in den Fächern Deutsch, Latein, Mathematik und Griechisch vom 27. Februar bis 2. März 1905; 18. März: Mündliche Prüfung; 20. März: Abgang vom Gymnasium in Neuruppin.

2. Preußisches Gymnasium um 1900

»Schon meine erste Erinnerung an Öffentliches ist ein Hohenzollern-Bild. Gerade eingeschult, nehme ich teil an der Feier zum Geburtstag des neuen Jahrhunderts. Vor uns hängt eine Karte mit pyramidenförmig aufgeschichteten Köpfen. Ganz oben die Spitze, Wilhelm der Zweite. Unten, im Fundament, Albrecht der Bär ... In der Schule regierte der Rex, auch der Alte genannt, der Direktor, ein unbeschränkter Polizeipräsident mit einer Koppel imposanter Jagdhunde und einem ebenso scharfen Kollegium: eine Art gebildetem Terror, welcher Schüler und Eltern unter Druck hielt. Denn das Ziel der Klasse nicht zu erreichen war der Weltuntergang. Lehrerschaft und Elternschaft in 'Frühlings Erwachen' sind nur milde Abbilder, weil sich hier als Karikatur gibt, was beklemmende Wirklichkeit war. Tausend Broschüren von damals über 'Schülerselbstmorde und das Elternhaus' können die Historiker unterrichten.« So hat Ludwig Marcuse seine Schulzeit um 1900 geschildert (Marcuse, 18 ff.).
Der Oberprimaner »Georg Heym, Sohn des kaiserlichen Militäranwalts Hermann Heym, Berlin W 30, Martin-Luther-Str. 5, geboren den 30.X.1887 zu Hirschberg im Riesengebirge, seit Ostern 1905

Schüler des Ruppiner Gymnasiums« wird sich im August 1906 erlauben, »einem hohen Provinzialschulkollegium noch aus dem Hades, damit der Tragödie auch das Satyrspiel nicht fehle, gehorsamst« nicht nur seinen Selbstmord anzuzeigen, sondern das ganze System – in Gestalt des Neuruppiner Schuldirektors Begemann – anzuklagen, das »ja leider Gottes in Preußens Schulen« herrsche (3.194 ff.).

Der Brief blieb im Entwurf liegen. Die suizidalen Neigungen des Absenders werden mit den Adressaten später nur noch mittelbar zu tun haben – in einem Augenblick, als jene schon aus einer Gegenwelt verbannt sind, deren Grundriß in diesen Jahren ausgezogen wird. In welchem Klima aber das geschah, mag ein Rückblick deutlich machen.

Humboldts Vorstellungen von der Schaffung einer Welt innerhalb des Individuums (in der 'Theorie der Bildung des Menschen' nachzulesen) verbinden sich – in einer späteren Schrift – mit der Warnung, der Staat müsse sich immer bewußt bleiben, daß er hinderlich sei, sobald er sich in diesen Prozeß einmische, ja, daß »die Sache an sich ohne ihn unendlich besser gehen würde«. Ihm, dem Staat, verbleibe allein die Pflicht, die Formen und Mittel für die »Bearbeitung der Wissenschaft« herbeizuschaffen: Wer keine Automaten haben wolle, die »mechanisch im Staate wirken«, der müsse Menschen bilden, ohne »notwendig nachtheilig« auf ihre Entfaltung einzudringen ('Über die innere und äußere Organisation der höheren wissenschaftlichen Anstalten').

Kaum hundert Jahre später waren diese Forderungen pervertiert und in einem Felde – auf dem Automaten ausdrücklich erwünscht schienen – erstickt, wo Thron und Altar eine monströse Koalition eingegangen waren: Eine Obrigkeit mithin entstand, die ihre Verwalter gottesfürchtig und vaterlandsliebend *mechanisch* im Staate wirken ließ.

Wie es in dieser Hinsicht auf dem Königlich Joachimsthalschen Gymnasium zu Berlin-Wilmersdorf bestellt war (in dessen Untertertia im Oktober 1900 der dreizehnjährige Georg Heym eintritt), ist nicht überliefert. Erst Jahre später – nach den Neuruppiner Erfahrungen – hat er in Tagebuchnotizen hie und da (und immer seltener) festgehalten, »was für traurige Gestalten mich doch in meiner Jugend verbilden wollten« (3.51). Mit den Jahren wich die Verzweiflung – die am Ende der Schulzeit noch einmal sehr mächtig werden sollte – dem Hohn und der Ironie, beide endlich der Indolenz, die sich im Bau der mittlerweile festungsähnlich eingerichteten Gegenwelt gesichert sah.

3. Frühe Dichtungen und der Wandel von Neuruppin

Ostern 1905 weigerte man sich, ihn nach Oberprima zu versetzen: »Er mußte vielfach wegen Verstöße (sic) gegen die Ordnung der Schule getadelt werden«; die Versetzung müsse man ihm auch »wegen der nicht ausreichenden Leistungen in den Hauptsprachen und der Mathematik« versagen. Am 26. April wird er in die Unterprima des Friedrich-Wilhelms-Gymnasiums in Neuruppin aufgenommen. Tagebuch vom 23. April: »In die Verbannung.« Bald darauf: »Ich glaube, diese Schule ist der Verderb jeden Genies. Was wollte ich wohl arbeiten, wenn ich mir meine Lehrer zu allem Guten und Schönen selbst wählen könnte.« (3.15 f.)
Als er nach Neuruppin kommt, hat er bereits eine ganze Reihe von Gedichten geschrieben. Was von ihnen erhalten blieb, kann heute in der Gesamtausgabe besichtigt werden; und da müßte man vor allem der Gefahr ausweichen – gerade bei einem, den die Nachwelt einen Frühvollendeten heißt –, das frühere gleich als das mindere Werk anzusehen, das eben keine andere als die Einsicht in philologischen Sammelwahn verschaffe. Dabei ermöglicht es einen Blick auf den Unterbau, aus dem die Kunstwerke einmal hervorgehen werden. Wie epigonal, wie epochentypisch auch sein mag, was da entsteht: interessant bleibt doch immer das schon früh erfaßte Prinzip der Auswahl bestimmter Bildordnungen. Ihre triviale Herkunft muß nicht auf *Einflüsse*, wird eher auf Ein*drücke* zurückgehen, denen die Bild*felder* der späteren Lyrik abgewonnen werden.
Zwei Beispiele aus der Frühzeit, beide aus dem Jahre 1902, können auf diese Herkunft verweisen. Mit ihnen ins Licht tritt das Material, das man später wiedererkennen wird:

Nebelschauer

Letztes Herbstestrauern
In rotem Abendscheine.
Und tot die alten Mauern.
Ich weine, weine, weine.

Leise Nebel schleichen
Wohl um den finstern Tann
Und weiß verhüllte Leichen
Schweben zu mir heran.

Sie flüstern von Liebe und Leide
Mir vieles in mein Ohr

Und um die graue Weide
Tanzt es herum im Chor.

Sie strecken ihre Knochen
Zu mir, zu mir herab,
Mein Herz ist mir gebrochen
Sie zogen mich ins Grab.
(1.519)

Johannisnacht (Auszug)

Um den alten Steinaltar
Der geweiht dir, Gott Paltar,
Winden sich Efeuranken
Und auch meine Gedanken
Schlangen sich um ihn herum,
So saß ich lang und träumte stumm.

Da über den alten Tann
Kam der Vollmond heran
Und alles tauchte in seinen Glanz,
Der Gott erschien mir aus Silber ganz.

Aus dem feuchten Moor
Springen Irrwische vor,
Tanzen in alten Weisen
Und mit Sängen mit leisen.
(1.522)

Auffällig sind, bei aller Beliebigkeit, die diese Arrangements des Fünfzehnjährigen der Realität entzieht, ihre malerischen Effekte. Woher kommen diese Bilder? Ihre fremdartig märchenhafte Anordnung? Diese schrillen, dem Jugendstil abgesehenen Mythogramme?
Wenn es zutrifft, daß Kitsch »als umfassende Zeichensprache der Regression« hörbar, ja, daß mit dieser Bestimmung ein »entscheidender Sortierungsbegriff der Geschichte« geleistet sei (Wollschläger, 138), dann lohnt es, diese Verseschmiedskunst genauer unter die Lupe zu nehmen.
Arno Schmidt hat einmal auf die noch kaum untersuchte Prägung dichterischer durch gemalte (oder photographierte) Bilder hingewiesen. Es wäre möglich, diese These an bestimmten Heymschen Dichtungen zu belegen: Viele von ihnen verweisen auf Darstellungen Böcklins, Feuerbachs, Munchs (das Gedicht 'Die Gefangenen' geht auf ein

Bild van Goghs, exakter: auf einen Stich Gustave Dorés zurück, der seinerseits van Gogh angeregt hat).

Die These meint nicht, daß Bilder einfach abgeschrieben werden; sie spricht vielmehr von Anregungen aus Farbwerten, Strukturelementen, perspektivischen Mustern; spricht natürlich auch davon, daß die Sprache des Gedächtnisses sich aufgefaßter – fast immer sehr flüchtiger – Eindrücke bedient, sie mit Erinnerungsleistungen zusammenfügt und sie dann in einer fremdartig anmutenden Metaphorik zutage treten läßt.

Wenn Heym später von van Gogh sagte, er sähe »alle Farben so wie ich sie sehe« und Dichtung sei »so unendlich leicht, wenn man nur Optik hat« (3.205), dann spricht das vereinfachter von diesen Zusammenhängen. Sie werden später – um 1911 – deutlicher hervortreten, wenn er notiert, daß ihm »der Satan die Kunst des Malens versagt« habe: »Imaginationen peinigen mich, wie nie einen Maler vor mir.« (3.158 f.) Die Kunst, auf die er mit diesen Sätzen hinauswill, beginnt in dieser Epoche so zu verfahren wie seine Lyrik: »Die Gegenstände [werden] in Farbflecke, Licht, Atmosphäre zerlegt und damit [wird] das Bild der Welt subjektiviert.« (Adorno II, 44)

Wie unendlich lang der Weg ist, der Heym einst an diesen archimedischen Punkt führen wird, können die eben zitierten Frühdichtungen zeigen, die ganz offensichtlich auf unmittelbare Eindrücke reagieren. Diese Eindrücke sind noch nicht von bildlichen Vorstellungen gebrochen, mit denen eigene Erinnerung auf fremde, äußere Einwirkungen reagiert (um aus ihnen die sehr persönlichen Bildfelder zusammenzulegen). Sie benutzen Bilder, gegenständliche Darstellungen, unverzeichnet als Material. Der Blick auf sie macht es erforderlich, der Entstehung dieser Vorlagen nachzugehen.

Die *umfassende Zeichensprache der Regression* artikulierte sich in einem geschichtlichen Augenblick besonders lautstark, als die bürgerliche Gesellschaft im Getöse der zweiten Industrialisierungsphase mit Angst und mit Regressionsphantasien auf den selbsterzeugten Weltkrach zu reagieren begann. Man wich auf nationale Mythen aus, die imperiale Geste versteinerte nicht nur in Monumenten, sondern in Institutionen, die sich selbst als Monumente erschienen – aber das mag hier hinter eine Betrachtung zurücktreten, die sich allein dem weiten platten Feld eines Jugendschrifttums zuwenden soll, in dem sich in mikrobenhafter Vielfalt dieser ganze heroische, heimelige, schaudervolle und gemütliche Kitsch ausgebreitet hat, mit dem sich die Zeichensprache der Regression in Szene setzt.

Durchblättert man (zum Beispiel) Jahrgänge der *Woche für die Deut-*

sche Jugend, die August Scherl in Berlin in Riesenauflagen herausgebracht hat, so zeigt sich – vor allem in den bunten Lithographien, die diesen Bänden beigefügt wurden –, wie die Bildmuster der Regressionsphantasien ausgesehen haben. Dem Fünfzehnjährigen werden, wie anderen Jugendlichen des Bürgertums in der Zeit Wilhelms II., diese Bücher zugänglich gewesen sein. Die Vermutung liegt nahe, daß die *schleichenden Nebel*, der *finstere Tann*, die *grauen Weiden und Mauern*, die *Grüfte* und auch *eines Gottes Silberglanz* Zitate dieser Bilder sind.

Doch mit dem Spott über diese vorgefundenen Arrangements ist es nicht getan. Sieht man gerade sie sich an, so fällt noch etwas ganz anderes auf: nur sehr bestimmte Nomina werden verwendet, nur sehr bestimmte Szenen gruppiert. Zieht man ihnen gleichsam die Folie des Jugendstil-Bildchens ab, so ist klar, daß – im Blick auf die später entstehende Lyrik – am Grundmuster dieser Bilder kaum etwas sich ändern wird. Diese sehr frühe Reaktion auf bestimmte Worte in Bildern, mit denen sich die lyrische Zukunft anmeldet, mag auf Vorstellungen im Seelenleben zurückgehen, die sich sehr früh gebildet haben und nicht mehr aufgegeben werden. Noch in den allerletzten Gedichten des Vierundzwanzigjährigen werden die (nun kunstvoll und *Vorbildern* fern arrangierten) Grundmuster dieses früh auserlesenen Wortmaterials sichtbar bleiben: Herbst, Abend, Nacht, Mauer, Himmel, Meer, Türme, Grüfte, Nebel.

In den frühen lyrischen Versuchen aus den Wörterhalden der mitdichtenden Zeitgenossenschaft geklaubt, bekommen diese Nomina in späteren Jahren die historische Tiefe einer Wortwelt, die auf dem Grund dieser Frühzeit errichtet worden ist. Warum sind es nun gerade Nomina der eben zitierten Art, die immer wieder zu Trägern des lyrischen Ausdrucks werden? Liest man sie als Sinnbilder, so sind die der Verlassenheit (Herbst, Abend), der Vereinsamung (Nacht), der Verzweiflung (Mauer), der Sehnsucht (Himmel, Meer), des Sichabschließens (Türme, Grüfte; auch Nebel) in ihnen zu erkennen. Der Rückblick auf die Kindheit, deren Phantasien und Träume bis ans Ende dieses schöpferische Leben bestimmen, kann erklärlich machen, warum der Lyrik Georg Heyms diese Symbole erhalten bleiben.

Wird er sich auch lange Zeit noch konventioneller lyrischer Bildordnungen bedienen, die ihm die Zeitgenossenschaft anbietet, so wird doch an Versen wie den folgenden – sie sind noch um 1902/03 in Berlin entstanden – schon schemenhaft sichtbar, wie der weiter reichende Blick dieses Sechzehnjährigen sensibler bei seiner Auswahl aus den Worthalden verfährt:

Die Bäume auf der Höhe entlaubt,
Die Felder öd und kahl,
Die Matten ihres Schmucks beraubt,
Der Himmel bleiern und fahl.

Ein Moderdunst steigt aus dem Tal,
Das wie im Sarge ruht,
Er ruft mir zu, 'Es war einmal.
Es starb, was einst dir gut.'
(1.526)

Die beiden ersten Verse der zweiten Strophe greifen schöpferisch in ein Naturbild ein, gewinnen ihm seine Nachtseite ab: das Tal im Sarg. In diesen Jahren ist das noch ein fast zufälliger Blick. Er wird in späterer Zeit die Psycho-Symbolik in Landschaften noch schärfer ins Auge fassen, wird damit die Tiefenschichten einer Natur erkennen, die der Vorstellung gänzlich entrückt ist, daß der Mensch, wenn er in Harmonie mit der Natur lebe, auch eins mit sich selbst sei. In einem anderen Sinn, schrecklicher als mans vordem gedacht, hat das die späte Lyrik Heyms auch gesagt.
Sehr langsam – immer gemessen am lyrischen Umfeld, das solche Versfunde am Ende zudeckt (die Topoi der Zeit bleiben noch eine ganze Weile die Orientierungsinstanzen) – wird das Stimmungsmäßige an Früherfahrungen gebunden, wird sehr vorsichtig ausprobiert, woran Entwürfe sich knüpfen lassen. Im Mai 1905 – wenige Wochen erst ist Heym in Neuruppin – erscheint die folgende Notiz im Tagebuch: »Neulich machte ich das Gedicht: *Manchem Menschen.* Ich glaube fast, ich habe mein Schicksal darin vorausgeahnt.« (3.18) Das Gedicht ist im Februar 1905 – also noch in Berlin – entstanden, und ungewiß muß bleiben, ob die vielleicht schon drohende Lebensveränderung – »Verbannung« nach Neuruppin – die Niederschrift ausgelöst hat. Möglich wäre immerhin, daß schwere Konflikte mit dem Vater wegen mangelnder Leistungen in der Schule die Drohung zur Folge hatten, den Siebzehnjährigen von zu Hause fortzuschicken. Dieses zehn ungleich lange Strophen umfassende Gedicht steht jedenfalls so fremd innerhalb einer größeren Gruppe anderer lyrischer Äußerungen, daß man den unüberhörbar autobiographischen Ton als ein Abhorchen der eigenen Geschichte verstehen darf. Ein Auszug:
Die Stirn des Kindes …

> ist gezeichnet von dem Tier der Tiefe.
> Und solche Menschen werden nimmer froh.

Doch eine tiefe, sich verzehrende Sehnsucht
Nach Glück wohnt ihnen in der Seele.
Sie suchen ewig rastlos, ob nicht doch
Auch ihnen eine Stunde schlägt, da sie
Sich glücklich fühlen dürfen.
Und einmal weicht von ihnen auch
Der Geist der Finsternis für Augenblick', wie wohl
Die Schlange mit dem Vöglein spielt, das sie
Zum Tode sich erkor.
(1.591)

Noch die Unsicherheit der Organisation – die Sprache der Verse folgt eigentlich prosaischen Mustern – läßt die Schwierigkeit des Wandels erkennen, der sich für die kommenden Jahre ankündigt. Nicht mehr Stimmungen sollen addiert: Erfahrungen sollen in ein einziges Bildfeld zusammengezogen werden. Am Ende dieses Wandels haben die Bedrohungen – Reduplikationen früh erfahrener Schrecken – das larmoyant Innerliche, das er an Rilke – dem »Prager Gecken« (2.181) – so haßte, hinweggefegt: hervorgetreten sind sie dann, gestaltgewordene Drohinstanzen, mit der furchtbaren Macht des *Tieres aus der Tiefe* (im lutherschen Bild aus der Apokalypse vorausgesprochen), das *Wut, Schmerz* und *Zerstörungssucht* in die Wirklichkeit der Mitlebenden projiziert. So wird auch die *Sphinx Natur* fratzenhaft in der Maskerade erscheinen, dem metaphorischen Gespenstertanz, der am Horizont der Genrebildchen aufsteigt, an denen die Zeitgenossen noch immer sich nicht sattgesehen hatten: »Und groß darüber / Ein Mond, der die Zähne blähet.« (1.504)
Am Verlauf dieses Weges, dem noch nachzugehen ist, wird sein Ende verstehbarer. Er widerspricht zugleich einem Mythos, den Gottfried Benn, seinem Verständnis von Geschichte gemäß, noch in den fünfziger Jahren verbreitet hat: »Keiner auch der großen Lyriker unserer Zeit hat mehr als sechs bis acht vollendete Gedichte hinterlassen, die übrigen mögen interessant sein unter dem Gesichtspunkt des Biographischen und Entwicklungsmäßigen des Autors, aber in sich ruhend, aus sich leuchtend, voll langer Faszination sind nur wenige – also um diese Gedichte die dreißig bis fünfzig Jahre Askese, Leiden, Kampf.« (Benn, 1.506) Das ist die halbe, weil eine um die Persönlichkeitsgeschichte betrogene Wahrheit. Ästhetisch wird das Vollendete dieser Geschichte entzogen – und um so schwerer mag das wiegen, je deutlicher zu machen ist, daß jedes Kunstwerk seinen eigenen historischen Moment hat, in dem es hervortritt oder im Schatten

verschwindet. Das greift über das *Biographische* und *Entwicklungsmäßige* des Autors nicht selten hinaus.
Gibt es das geschichtsferne Vollendete? »Was wäre Kunst als Geschichtsschreibung, wenn sie das Gedächtnis des akkumulierten Leidens abschüttelte«? (Adorno, 387)
Heym, der sich zu ästhetischen Fragen bestenfalls in ruppigen Abbreviaturen geäußert hat, gehörte einer Generation an, der die Ästhetik des 19. Jahrhunderts noch beigebracht hatte, das heroisch Schöne der antiken Kunstwerke hebe sich gleichsam rein von einer Geschichte ab, die mit ihm, seiner Vollendung wegen, nichts zu schaffen habe. Erst Jacob Burckhardt hat diesem »verklärten Gedächtnißbild« scharf widersprochen: »Es giebt (schon in den alten Zeiten) ein entsetzliches Bild, wenn man sich die Summe von Verzweiflung und Jammer vorstellt, welche das Zustandekommen zB: der alten Weltmonarchien verlangte und voraussetzte ... All die einsamen Königsburgen bezeichnen lauter entsetzliche letzte Kämpfe, von welchen wir nichts mehr wissen.« (Burckhardt, 241) Diese Geschichte, im Mikrokosmos des eigenen Lebens noch einmal nachgerissen, wird am Ende des Weges, den er nach eigenem Zeugnis »nicht wußte« (3.175), das Gedächtnis des akkumulierten Leidens sein.

4. Hölderlin

»Nun werde ich in Neu Ruppin von der Vergangenheit leben, mich gewissermaßen wie ein Schmetterling verpuppen« (3.16), schrieb er gleich nach seinem Eintreffen ins Tagebuch, und nicht lange darauf heißt es: »Das Michverstecken ist mir fast schon zur zweiten Natur geworden« (3.24): aus dem Halbdunkel der Jahre gesprochen, in denen er sein zweites Leben »zu verbergen lernte« (3.29). Womit man ihn in der Schule beschäftigt, wird, wo brauchbar (und das sind vor allem Aischylos, Sophokles und Homer), dem Gegenweltbau eingezogen. Die Dramen sind da der Lyrik weit voraus. Darauf wird später zurückzukommen sein.
Möglich ist, daß er über den Weg der Antikerezeption (wenn es nicht der Zufallsfund eines Reclam-Heftes gewesen ist) Hölderlins Dichtungen zum ersten Mal in die Hände bekam. Anziehend wird dabei allem voraus die Vorstellung, daß das Werk dieses Mannes nicht zum Kanon des Unterrichts an preußischen Lehranstalten gehört. Er ist allein – unzweifelhaft allen Altersgenossen voran – mit dem Einblick in ein Schicksal, das »zur Chiffre für die eigene Persönlichkeit« wird (Korte, 36). Dazu wird es möglich, den bürgerlichen Bildungskanon

mit der Lektüre eines Vorfahren zu konterkarieren, der immer noch seiner Geschichte eher entzogen als in ihrem Umfeld erkennbar gemacht wird: eine Provokation des Systems der »Philisterhunde« (3.26). Es kommt der Beschäftigung mit dem Gegenstand freilich entgegen, daß Hölderlin eben neu entdeckt wird. Einer Neuausgabe der Dichtungen (1897) ist 1890 die von Karl Litzmann edierte Korrespondenz vorausgegangen. Der Durchbruch wird erst durch Norbert von Hellingrath eingeleitet. Hellingrath, fast gleichen Alters wie Heym (er fiel 1916 am Douaumont), hat neben den Pindar-Übersetzungen in entsagungsvoller Arbeit vor allem Hölderlins späte Hymnen – die das fortschrittgesinnte Zeitalter für Produkte der geistigen Umnachtung hielt – aus den Handschriften transkribiert. In einem Vortrag über 'Hölderlins Wahnsinn' findet sich der Satz: »Das Leben ist das Aufprallen der Botschaft auf die Welt und das Werk Schrei und Seufzen bei diesem Aufprall.« Heym sind die Arbeiten Hellingraths nie zu Gesicht gekommen: aber diese Sätze hätten von ihm geschrieben sein können. Was Hellingrath mit den späten Hymnen entdeckt hatte – seine Edition wird erst 1913 zu erscheinen beginnen (und von Seebass und Pigenot 1923 vollendet) –, hat Heym doch ahnend begriffen: in einer Zeit immerhin, in der noch vom »Seherischen« (Dilthey, 1905) und vom »Zeitlosen« (Gundolf, 1911) bei Hölderlin die Rede gewesen ist. An den späten Hymnen Hölderlins beginnt, dank Hellingrath, der Nachwelt das Moment des »Einbruchs der Verzweiflung in jene Zuversicht« begreiflich zu werden, »die den Dichter mit entblößtem Haupte unter Gottes Gewitter stellt, ohne den Leser die Gründe dieser Peripetie ahnen, geschweige denn sie nachvollziehen zu lassen«, wie Peter Szondi fast ein halbes Jahrhundert später über den hymnischen Spätstil Hölderlins sagen wird (Szondi, 47). Die irreversible Wendung zum Werk selbst – kraft des lebensgeschichtlichen Moments –, von der hier gesprochen wird, faßt Heym in die Verse 'An Hölderlin':
»Dir senkte die Moira / Unendliches Leid auf den zarter schwingenden / Geist herab, / Da hüllte der Gott seinem frommen Sohn / Dunkelnde Binden um das gemarterte Haupt.« (1.597): Dem Hölderlin-Ton – bis in das Kunstmittel der 'unbegründeten' Adjektiv-Steigerung ('zarter *schwingenden*') – nachgesprochen, wird so etwas wie die eigene Zukunft entworfen – freilich in einer Wunschphantasie, die mit dem Schicksals-Angebot gleichzeitig das Recht erwerben will, in die Nähe des Vorfahren zu rücken. Das geschieht dann wortwörtlich im Dezember 1911, vier Wochen vor Heyms Tod, mit der Frage, »wie es für diese Naturen … in dieser trüben und vor Wahn-

sinn knallenden Zeit überhaupt noch möglich war, sich durchzuschlagen« (3.175): Der Name Hölderlins stand – mit dem seinen – bei denen, die er unter dieser Notiz subsumierte. Noch sind die Verse, die sich den ersten Leseeindrücken verdanken, nicht »in die Leere« gesprochen (Hofmannsthal 1914 über Hölderlin, offenbar nach der ersten Rezeption der Hellingrath-Ausgabe) – sie sind gleichsam in die Hohlformen des Vorbilds gegossen:

Ewige Götter, aus tiefer Nacht
Rufet der Schmerz euch, der
Lang mir, lange wohl schon,
O ich vergaß es, das Herz zerstört.

Waldher kommet der Mond herauf,
Und es erschlägt das Herz
Hoch den Liebenden, doch
Ziellos vergehn Einsamen Nacht und Tag.
(1.601)

Die beiden letzten Verse der ersten Strophe – Wiederholung von Satzgliedern, um eine leitmotivische Aussage stärker hervorzuheben –, deren Musikalität bei Hölderlin eine ungeheure Arbeitsleistung am Versbau schwebend erlöst, wirken hier outriert.

5. *'De Profundis'*

Neben diesem Dasein, das »mit jedem Tage mehr in das Dunkel« leitet (3.39), scheint das reale, zu einer Wahnwelt geschrumpft, oft kaum noch faßbar: »Wahrhaftig, der Zwiespalt wird zu groß. Auf der einen Seite das brennende, ungestillte Schönheitsgefühl, auf der andern das absolute Nichtdurchkommenkönnen im Leben, der Mangel an jeder Lebenspraktik.« (3.64) Er reist hin und wieder: So führt im Mai 1905 ein Schulausflug nach Friedrichsruh, nach Hamburg und Kiel, im Juni des gleichen Jahres findet man ihn im Ostseedorf Rewahl, zärtliche Tage mit einer Freundin, »aber ich fühle genau, daß doch alles auf mich immer mehr niederdrückend einwirkt.« (3.23) Im Hochsommer 1905 entsteht, fast unvermittelt, so scheint es, wenn man das 'Umfeld' der anderen in diesen Wochen entstehenden Verse betrachtet, ein Gedicht, einzigartig und in einer jähen neuen Tonlage. Es ist ein Gedicht, das auf den ersten Blick an die frühen Eindrücke van Goghs aus der Borinage erinnert. Er lautet:

De Profundis

Es fallen drunten Hammerschläge
In schwerem Zorn auf Felsen nieder.
Aufknirscht im Dampf der Stahl der Säge,
Und zucket gierig hin und wieder,
Schwer winden kreischend sich die Kräne,
Grau stiebt der Staub und stäuben Späne.

Aus bodenlosen schwarzen Schächten
Die vollen Förderkästen schwanken,
Hervorgekrochen aus den Nächten
Drunten die bleichen Männer wanken
Betäubt ans Licht. Ein Fäusteballen,
Und wieder schon die Kästen fallen.

Die neue Menschenlast verfrachten,
Den Tod der Tiefe neu zu füttern,
Um jahrlang langsam hinzuschlachten,
Die Leiber einzeln zu zersplittern,
Zum Spott sie wieder auszuspeien,
Ein stets sich gleiches Wiederkäuen.
(1.604)

Doch von dem, was van Gogh bei den Arbeitern der Kohlengruben fand, »etwas Rührendes und selbst Erschütterndes in diesen Letzten und Verachtetsten unter allen« (Oktober 1880), ist in diesen Versen ebensowenig zu erkennen wie eine sozialkritische Einsicht, die sich allein auf die Geste des Fäusteballens zu beschränken scheint: Die Menschen in den Förderkästen bleiben Schemen. Das ganze Bild ist perspektivisch auf den grausigen Schluß hin errichtet. Es nimmt etwas voraus, was die spätere Lyrik mit einer geradezu barbarischen Schwermut wiederholen wird: nicht mehr die tröstende, sondern die (menschen)verschlingende Natur ist der Gegenstand dieser Strophen. Der *Mutter Erde* werden Menschenopfer dargebracht, die sie zersplittert und wiederkäut.
Vielleicht ist es kein Zufall, daß in den Tagen der Entstehung dieses Gedichtes (in einem offenbar völlig anderen Zusammenhang, dem einer Liebesepisode) das Wort »Selbstbespöttelung« im Tagebuch auftaucht: so, als werde von der Selbstverliebtheit und Sentimentalität des Schönheitskults Abschied genommen, Einsicht in die Form einer Aufklärung genommen, »die wie die Kälte der neuen Zeit wirkt, die

mit dem Schönen vollends aufräumt« (Horkheimer, 145). Das sind Vermutungen. Möglich ist aber, daß in dieser aufkommenden Kälte – die sich auch gegen den Sprechenden selbst richten wird – schon jene des Spätwerks fühlbar ist: eine Antwort auf die gefühlvolle Menschenverachtung des Zeitalters, eine Antwort, die mächtiger wird am »inneren Material«, wie Benn das einmal nannte (Benn; 4, 51).

6. Über den Selbstmord

'De Profundis' ist das Bruchstück einer Zukunft, die noch lange von der morbiden Decadence des Jugendstils verhüllt bleiben wird. Das Gedicht gelangt in einer vom Schulfreund Ernst Balcke mitherausgegebenen Zeitschrift ('Kreißende Sonnen') in der zweiten Jahreshälfte 1906 zum Abdruck. Man hatte Balcke, Schüler des von Saldern'schen Instituts zu Brandenburg an der Havel, in Berlin des Gymnasiums verwiesen, weil er von den Selbstmordabsichten eines Mitschülers erfahren, dies aber der Schule nicht mitgeteilt hatte. Man widmete eine Ausgabe dieser Schülerzeitschrift der Selbstmordthematik. Ein diffuses Gemisch von Gründen wird dafür maßgebend gewesen sein – nicht allein die Frage, wie die Trauerarbeit am toten Freund wohl abzuleisten sei. Auch Schuldgefühle, Selbstbestrafungsabsichten könnten denn doch in den Schatten getreten sein gegenüber einer Neigung, sich mit einem Gruppenschicksal zu identifizieren (über die Schülerselbstmorde dieser Zeit hat nicht nur Ludwig Marcuse gesprochen) und sich demzufolge »systhematisch mit dem Selbstmordgedanken vertraut (zu) machen«, wie Heym es sich vornahm (3.71). Das Identifikationsangebot, »unter Larven als der einzig Fühlende« (3.22) dazustehen, beleuchtet die Suizid-Neigungen der Epoche – da es ja nichts als das Werther-Syndrom wiederholt – weniger grell als die organisierte Unterdrückungsgewalt, die von den Institutionen, den *Apparaten* ausging. Sie ließen sich an den »Mördern meiner Jugend« (3.79) bestenfalls beschreiben, nicht aber fassen. Denn die Frage, »ob der Mensch ein Recht hat auf den Tod« (3.22), geht ja aus von der Feststellung, daß der Mensch außer der Entscheidung, sich selbst zu töten, ohnehin keine Rechte mehr habe.
Vom Gedicht 'Einem toten Freunde' (das ebenfalls in der genannten Ausgabe der 'Kreißenden Sonnen' erscheint) bis in die spätere Zeit hat Heym das Selbstmordthema nie mehr losgelassen. Die Realität des eigenen Todes wird noch zwischen 1905 und 1907 mit kultischen Jenseitsvorstellungen verbunden, die dem Wirklichkeitsprinzip ausweichen. Die Selbsttötung wird erhoben zum »Fest – daß ich viel-

leicht dadurch noch etwas Ruhm erlange«. In Gestalt eines Jugendstilgemäldes wird die Wunschphantasie dahingehend erweitert, »den Totenkranz um die Stirne am Abend auf das Meer zu fahren und mit der sinkenden Sonne auch zu scheiden von aller Schönheit« (3.59). Kaum zu übersehen sind im Hintergrund der preziösen Selbstdarbietung auch die antiken Vorstellungen, die jenseits der Schullektüre ihr eigenes Leben bei ihm entfalten. Wie weit ins Halb- oder Unbewußte diese Verbindung reicht, mag Hesiods Satz erhellen, der im Tagebuch erscheint, als stamme er von Heym selbst (und der sich der Lektüre von Nietzsches 'Geburt der Tragödie' verdankt; Nietzsche 1.30): »Das Beste ist, nie geboren werden, und danach, jung sterben.« (3.89)

Seinem Tod, sechs Jahre später, hat man vielleicht nicht ganz unbegründet einen suizidalen Affekt unterlegen wollen. Wie weit die Neigung wirklich ging, wird dunkel bleiben, mindestens aber im Zwielicht der ambivalenten Vorstellung, »das Leben grenzenlos zu lieben, und muß es sein, auch verachten zu können« (3.118). Daß man aber weniger sich selbst als das, was einen umzubringen droht, zu vernichten beabsichtigt, hat in dem 1908 niedergeschriebenen Gedicht 'Morituri' zu dem Verständnis gefunden, daß Selbstmörder »nicht weit von Straßen ab und vollen Wegen« gehen:

So wissen sie den dunklen Wald zu meiden,
Wo Tränen nur auf Steine fallen,
Und wo der Seele ungehörte Leiden
Im Echo als Gelächter widerhallen.
(1.668)

7. Dramen

Das zweite Leben des Neunzehnjährigen bewegt sich in diesen Jahren auch auf einem Feld, wohin ihn die Sophokles-, vor allem aber die eindringliche Shakespeare-Lektüre geleitet haben mag. Im Oktober 1906 heißt es im Tagebuch: »Und nun noch diese Qual, daß ich mir den Arnold Brescha aufgebürdet habe, den ich nicht bezwingen kann. Er ist viel zu groß für mich. Aber ich kann davon nicht lassen« (3.69). Er konnte von der Geschichte des Arnold von Brescia – dem Schüler Abälards, der als Widersacher des Papstes Hadrian IV. für den Verzicht der Geistlichkeit auf Besitz und Macht gekämpft hatte (1155 wurde er in Rom hingerichtet) – ebensowenig lassen wie von den siebzehn anderen dramatischen Entwürfen und Skizzen (nur drei wurden vollendet), mit denen er sich beschäftigt hat. Gegenstand sind ausschließlich historische Stoffe: aus der Antike, der Renaissance, den großen Revolutionen von 1789 und 1848. Der 'Arnold von Brescia' bildet als Stück der mittelalterlichen Ketzergeschichte nur für den eine Ausnahme, der den Blick allein auf den historischen Zeitabschnitt richtet.

Die Stoffe könnten durchaus zu der Vermutung verleiten, er habe, wie mancher Trivialdramatiker seiner Zeit, historistischen Neigungen nachgegeben, will sagen: die Gegenstände, in legendärer Verhüllung, ihrer Geschichte entzogen. Angesichts eines Bildungsbürgertums, das »jenseits einer aufgeklärten historischen Wahrheit sein Verhältnis zur Geschichte definierte, nicht zuletzt auch unter den Prämissen eines aufkommenden Nationalismus« (Korte, 88), wäre die Verführung zu dieser Art des Umgangs mit den Stoffen nicht gering gewesen. Mit dem Zerfall aber dieser Stoffe hat sich sein Verständnis von Geschichte im Rückblick dem der Zeitgenossenschaft geradezu in den Weg gestellt. Als Kunstwerke nicht *vollendet*, waren doch eine Reihe der vorgeführten Szenen eine hoffnungsferne, aber aufgeklärte Antwort aus nur scheinbar entrückten Zeiten auf die eigene historische Stunde. Es ist eine Antwort, die allein aus der kühlen Einsicht in die Menschennatur gesprochen hat. Heym, der offenbar sehr genau den historischen Quellen nachgegangen ist, hat das selbst von der Geschichtsschreibung erhaltene mystische Licht, das über die Gestalt Arnolds gebreitet wurde, durch eine Brechung ins Grelle entzaubert: Arnold hat im Stück während einer kurzen Machtperiode nicht nur einen Freund ermorden lassen; er muß sich auch vorwerfen, am Tod der Geliebten schuldig geworden zu sein. So tritt auch diese 'reine' Gestalt ins Zwielicht des Wahns der Gewalt, der Gegenstand eines großen Monologs des Papstes ist: »Ihr seht die Tat nur, doch Ihr sehet nicht / Aus welchen tiefen Quellen in der Brust / Aufsteiget der Gedanke an die Tat. / Weiß man doch selbst kaum, was im dunklen Hirn / Tief unten wohnt und manchmal nur sich regt. / Wie hinter dunklen Türen alter Schlösser / Der Wanderer oft im Zwielicht späten Abends / Von ferne Schritte gleiten hört, und Schatten / Aus halb verfallnen Gängen leise kommen. / Es stockt sein Fuß vor Angst, sein Herz erstarrt. / Und plötzlich faßt der Schreck ihn furchtbar an – / So steigen abends oft, wenn wir allein, / Verlassen sind und unsre Einsamkeit / Uns zwingt in uns hinabzutauchen, / Wie Schatten auf die Scharen der Gedanken, / Da springen uralte Türen wieder auf, / Versunkne Gräber öffnen sich, im Traume / Verstohlen nur gehegte böse Wünsche / Verschwistern sich

Begierden, die dem Blut / Von Vätern her einwohnen, unser Herz / Vergißt des Schlagens und mit kalten Fingern / Greift Wesenloses nach uns aus der Tiefe. / Um das Gewicht des Alps von sich zu schütteln, / Der bleischwer auf der Seele wuchtet, flüstert / Man vor sich hin ein häßlich Wort, gleichsam / Um dem Gedanken offne Tür zu schaffen. / Da packt der Wind schon lüstern dieses Wort, / Als laurte er darauf, und trägt's davon. / Und ich bin machtlos. Denn willkürlich ändert / In jedem Mund sich, der ihn weitergibt, / Des unbewußten Wortes leiser Ton. / Was meinem Munde ungewollt entfuhr, / So leise, daß ich selbst es kaum vernahm, / Wird immer lauter bald, wird zum Befehl. / Und so geschieht dann, was ich nicht gewollt. / Mich dünkt's oft grausger Wahnwitz, Freund, / Wenn in der engen Höhle meines Hirns, wer weiß / Von welchem düstren Traum, vielleicht auch nur / Von einem Tropfen schlechten Bluts verstört, / Aufstieg ein schwarzer Nachtgedank in mir, / Daß ich am nächsten Tag von neuer Schandtat höre, / Und ihren Vater mich die Römer heißen. / Und da erst wie ein Blitz durchfährt es mich, / Daß in mir dunkel der Gedanke hing / An solche Tat, ein ungestandner Wunsch.« (2.477–78)

Dieser abgründige Text sagt nichts über die mystische Vorstellung von der *Gedanken Allmacht*, er spricht – in einer sehr mächtigen Metaphorik – viel mehr von der Entstehung und Wirkung von Macht und Gewalt, im Nachhall des Satzes: »Die *Verwirklichung des Sittlichen auf Erden* durch den Staat müßte tausendmal scheitern an der inneren Unzulänglichkeit der Menschennatur.« (Burckhardt, 262)

Lange hat Heym seine dramatischen Arbeiten höher eingeschätzt als seine Lyrik. Liest man, was in beiden Gattungen zur gleichen Zeit niedergeschrieben wurde, so tritt weithin in den Dramen eine sprachliche Kraft zutage, hinter der die lyrische zurückbleibt. Erst Jahre später wird man in Gedichten Bildern wie den folgenden wiederbegegnen; sie sind festgehalten in einem Abschnitt aus 'Atalanta oder die Angst'. Die Protagonistin bittet ihren vermeintlichen Mörder um ihr Leben:

Ach, so jung noch sterben.
Ich könnte viele Sonnen noch erschaun.
Den Aufgang, und des späten Tages Rauch.
Die vielen Segel im Lagunenlicht.
Kein Frühling ist da unten, kein Gesang.
Auf leeren Schädeln spannen graues Haar
Zum Lautenschlag des Todes Musikanten.

In eine öde Gruft bin ich gebannt.
In einen Leinensack werd ich genäht.
Und wie die Trauben in dem Herbste schwellen,
So schwell ich in des Sarges Feuchtigkeit.
Wie goldner Honig aus den Stöcken träuft,
Und in der Hitze schmilzt, so schmilzt mein Fleisch
Im Totenlaken wie gegorne Milch
Aus weißem Sacke tropft. O grauenvolles Ende.
(2.370)

In einem historischen Moment, da die Welt unterm Blick des von Benjamin einmal benannten »destruktiven Charakters sich vereinfacht, wenn sie auf ihre Zerstörungswürdigkeit geprüft wird« (Benjamin, 310), erscheint der Vorgang nicht als einer der wahnhaften Vernichtung, sondern als der Verfall, das Eingehen, das Eingesogensein in den Rhythmus der Natur. Dies Zergehen im Anorganischen geht hinter einen Kulturbegriff zurück, der mit den Trieben auch das Glück ihres Ursprungs unter sich begraben hatte. Einer schrecklichen Vorstellung werden die großen Bilder von den im Herbst schwellenden Trauben, vom goldenen Honig, der aus den Stöcken träuft, wie Verheißungen abgewonnen, daß der Hunger nach dem Vergessenen gestillt, der Durst nach dem Nichterinnern gelöscht werde. Daß vor dieser Phantasie die schlechten Mythen vom Großen Tod und Heroischen Niedergang buchstäblich zerfallen wie nie gesehn, macht der Tod des Alkibiades (im 'Feldzug in Sizilien') einsichtig:

Das hier war Kleinias' Sohn,
Hört mich, ihr Wände dieses stilln Gemachs.
Das hier war Alkibiades genannt,
Dies Häuflein Unrat, bald der Würmer Haus
Und bald zerstiebt im leichten Morgenwind.
Entzücken Griechenlands, nun Maulwurfs Freude,
Gelocktes Haar, bald ein Ameisennest.
Ins Fleisch der Wangen treibt der Engerling
Den dünnen Stollen, macht sichs wohnlich drin,
Dann streckt er früh den breiten Kopf hervor
Und schaut besorgt nach Wind und Regen aus.
Und hat der Wintersturm den Schädel erst
Recht ausgehöhlt und Schnee ihn blank gewaschen,
Dann zieht im Lenze wohl in seine Wölbung
Ein Bienenschwarm und braunes Wachs enttäuft

Den kahlen Augenhöhlen, drin gerollt
Das schönste Aug im weiten Griechenland.
(2.332-33)

Widerspricht das nicht auch »den Annalen einer Weltgeschichte, die um so verlogener sind, je grausiger ihr Gegenstand war«? (Horkheimer, 31)

Doch etwas ganz anderes noch hat sich – und viel entschiedener als nur der Reichtum metaphorischer Erfindung, der die Welt- und Menschenverhältnisse in große Bilder eingetragen hat – auf die Lyrik der späteren Zeit übertragen: es ist die Vorstellung eines mächtigen, ständig sich wandelnden Bühnenprospektes. Wer die Strophenfolgen der 'Dämonen der Städte', 'Der Krieg', 'Der Gott der Stadt', 'Die Menschen stehen vorwärts in den Straßen' liest, in denen das Ich in die Rolle des betrachtenden Zuschauers rückt, mithin aus ihrem Szenario verschwunden ist, wird sich an das Große Welttheater des Barock erinnert fühlen in einem Sinn, wie ihn Richard Alewyn in den Satz gefaßt hat: »Das Theater ist dem Barock nicht nur vollständiges Abbild, sondern auch vollkommenes Sinnbild der Welt.« (Alewyn, 72)

Wohl möglich, daß man Heyms lyrischen Spätstil nur aus dem tiefen Zusammenhang seiner – instinktiven – Vorliebe für den theatralischen Gestus (auch die eindrucksvolle Rezeption der griechischen Tragödie spräche dafür – bis hin zur 'Maske', von der im nächsten Kapitel die Rede sein wird) und der stilbildenden Einsicht verstehen kann, daß die scheinbare Entrücktheit der Bühne so etwas wie die Objektivität der Dinge wieder herstelle. Nirgendwo ist nachgewiesen, daß Heym sich jemals mit der barocken Theatertradition beschäftigt hat: ihrer Frühgeschichte ist er bei Shakespeare begegnet. Daß seine Arbeit am dramatischen Werk den zur gleichen Zeit entstandenen Gedichten weit voraus gewesen ist, spräche dafür, daß erst die Erfolglosigkeit, erst das Aufgeben der Gattung die Übertragung ihrer Elemente auf die Lyrik erzwungen hat. Viele der großen lyrischen Naturdarstellungen, die tief befremden, weil sie dem ersten Blick naturfern erscheinen, bekommen unter diesem Aspekt ein anderes Gesicht. Auffällig bleibt, daß die fast 'episch' wirkenden Dichtungen Heyms – von denen eben schon die Rede war und deren Beispiele sich an den Zyklen 'Die Hölle' oder 'Die Irren' vermehren ließen – am Blick des Zuschauers vorüberziehen wie gewaltige Bühnenprospekte, »perspektivisch weit geöffnete Trichter, die den Schauenden in ihre Tiefe saugen« (Alewyn, 75). Unzweifelhaft ist jedenfalls, daß sein lyrisches Werk weitgehend von der Dramaturgie des Theaters bestimmt worden ist.

8. Lyrik: Die neuen Versuche

Die Lyrik jener Zeit (die letzten anderthalb Jahre, ehe das Studium in Würzburg aufgenommen wird) hat die autonome Kraft des dramatischen Werks nicht erreicht. Sie vermittelt eher den Eindruck, als solle durch einfache Arbeiten am Material einstweilen nichts anderes als die Genauigkeit der Beobachtung gewonnen werden. Im Tagebuch heißt es: »Früher machte ich meine Gedichte aus unklaren inneren Stimmungen, die sich mir zu den Gedichten verklärten.« (3.62) So entstehen jetzt schlichte Strophen, Nachzeichnungen könnte man sie nennen; sie lesen sich wie Versuchsreihen:

Aufwachsen aus der Erde schon verschlungen
Die braunen Reben und an den Geländern
Wuchern sie hoch, Gezweig in Zweig gedrungen,
Schmiegsam gleich langen rauschenden Gewändern.
(1.625)

Konkrete Bilder werden auf ihre Haltbarkeit geprüft; aber es fällt auch etwas anderes auf: die Szenerie wird entspannt. Die obsessiven Kräfte, die in den Traumphantasien immer den Fluchtweg in die Gegenwelt der anderen Wirklichkeit nachdrücklich gemacht hatten, werden gelockerter. Freilich sind das noch recht zaghafte Antworten auf die dringlicher werdende Forderung, mit der eigenen Sprache an die Grenzen der eigenen Welt vorzudringen.

Vielleicht spricht die Lektüre da auch ein wenig mit: Er liest die Romantiker, vor allem Brentano: »Der Überblick ist größer geworden, noch erübrigt das Vertiefen.« (3.63) An Versen aber wie den folgenden läßt sich ablesen, wie bleischwer an der Ehre zu tragen ist, Vorbildern lange zu gleichen:

Doch weiter in des Herbstes weites Land.
Viel blaue Hügel liegen klar. Die Kronen
Der blauen Höhn sind golden. Denn ein Band
Von goldnen Buchen schwingt im Wind. Da thronen
Pan und die Faune. Doch der Schrecken schwand
Heut vor dem Gott. Und sicher ist's, zu wohnen
Für Sterbliche. Die Einsamkeit verlor

Das Grauen hier. Und wir verweilten lange
In ihrer Stille.
(1.652)

Der eigenen, einfachen Betrachtung mißtrauend, statt blank und bar zur Notiz zu nehmen, was ist, begnügen sich die hier zitierten Verse nicht mit der aller Kunst zugrunde liegenden Klarheit der Beobachtung: ein befremdlich naturmystisches – besser hier: mystifizierendes – Phantasiebild wird an das erlebte montiert, Pan und Faune müssen an den Tanz, vor einem nicht näher gewürdigten Gott schwindet der Schrecken, und der große Hölderlin-Satz *Und sicher ist's zu wohnen / Für Sterbliche*, der den Schatten eines keiner Nachwelt faßlich zu machenden Lebens wirft, wird hier einer abendlichen Jünglingsstimmung einverleibt.

9. Der Lessing-Aufsatz

Herbst 1906: Nach einem zweiten Gesuch erst läßt man Heym zur Reifeprüfung zu. Die schriftliche Examination erfolgt Ende Februar und Anfang März 1907. Der Deutschaufsatz, den man ihm aufträgt ('Inwiefern war Lessing ein Befreier des deutschen Volkes auf dem Gebiet der Dichtkunst?'), wirft Licht auf die zeitgenössische Rezeption eines Mannes, dem Herders Nachruf 1791 bezeugt hatte, er sei keinem andern Laster so feind gewesen wie der »langweiligen und schläfrigen Halbwahrheit, die wie Rost und Krebs in allem Wissen und Lernen von frühauf an menschlichen Seelen naget«. Von Lessing hatte man zu Neuruppin in den Jahren 1906/07 'Philotas', 'Emilia Galotti' und 'Nathan der Weise' gelesen, dazu 'Laokoon oder über die Grenzen der Malerei und Poesie', auch Auszüge aus der Hamburgischen Dramaturgie (dazu den Text 'Wie die Alten den Tod gebildet' – und von ihm wird sehr spät noch einmal die Rede sein müssen). Wie auch immer hier gelesen oder gedeutet worden sein mag (viel Gutes läßt Heyms Bemerkung vom »langweiligen Lessing« [3.8] nicht ahnen): das 18. Jahrhundert war in diesen Tagen schon böse ferne Vergangenheit, und in einer Geisteswelt, die zwar über eine große Edition des Lessingschen Werkes zu verfügen begann (Lachmann-Muncker, 1886–1924, 23 Bde.), wohl aber noch nicht über die Einsicht, daß er »die Dummheit gestachelt, die Lüge verfolgt, Knechtsein und Geistesfaulheit gegeißelt und die Freiheit des Gedankens mit ernstester Ehrfurcht geschützt« hat (Thomas Mann, Zu Lessings Gedächtnis, 1929) – in einer solchen Landschaft traf es sich günstig, daß den Betreffenden einer der bösartigen Zufälle des Lebens in die Nachbarschaft eines Landesherrn gebracht hatte, über den sich jener in einem Brief (an Nicolai, 25.8.1769) indirekt wie folgt geäußert hat: »Lassen Sie einen in Berlin auftreten, der für die Rechte der Untertanen, der gegen Aussaugung und Despotismus seine Stimme erheben wollte, und Sie werden bald die Erfahrung haben, welches Land bis auf den heutigen Tag das sklavischste Land von Europa ist.« Im aufgeklärten Verständnis des landläufigen Übelstandes fügte er später grimmig hinzu, er sei nicht sicher, ob »nicht einmal ein Schmeichler kommen sollte, welcher die gegenwärtige Epoche der deutschen Literatur die Epoche Friedrichs des Großen zu nennen für gut findet.« So kam es denn auch. Unvermeidbar blieb ferner, beide Herren in einen Zusammenhang zu bringen, der ihnen im wirklichen Leben versagt geblieben ist.

In abgelegenen Zeiten hörte sich das (beim Schüler Heym) so an: »Das 18. Jahrhundert sah in Deutschland zwei große Männer tätig, und als es in die Vergangenheit versunken war, da durfte durch dieser beider Männer Werk der Deutsche wieder stolz auf sich und seinen Namen sein.« (4.380) Ausführlich wird in der »im wesentlichen zutreffenden Darstellung« (so die Kommission) das Werk des *Kriegsfürsten* beschrieben, der von der deutschen Literatur nichts rechtes gehalten, »die französische Sprache fast besser als seine Muttersprache« gesprochen (wie auch wahr), mithin also als Mäzen derselben »versagt« habe (wie nicht minder wahr). Lessing aber habe das Werk vollbracht, »Deutschland in seiner Dichtung zu befreien und auch hier ihm die Möglichkeit gegeben, groß zu werden«. Daß er die Nation, die von ihm nicht einmal ein Nationaltheater haben wollte, ihn vielmehr in Wolfenbüttel bei einem Fürsten, der seine Landeskinder nach Amerika verkaufte, unter *Scharteken vermodern* ließ, mächtiger überlebt hat als die Crapule, die sein Werk in Auszügen an Schülerköpfen vorüberziehen ließ, könnte die Vergeßlichkeit dieser Nachwelt schon zum Ehrentitel machen. Der Schüler Heym endet seinen Aufatz mit der Feststellung, »König und Dichter gehen zusammen im befreiten und geeinten Deutschland« (4.384) – und man muß sich, nicht nur im Blick auf diese kühne Vorstellung, fragen, ob die ganze Arbeit sich nicht doch gegen den Strich lesen ließe? Oder ob nicht gerade an solchen Texten der mörderische Druck eines Gymnasialsystems zu erkennen wäre, das elf Tage vor dem Schulabschluß im Tagebuch ins Licht dieser Sätze tritt: »Ich hoffte schon, dem Tod nun für immer entronnen zu sein. Ich kehre aber doch vielleicht noch in das Dunkel zurück ... Ich hatte mich schon mit dem Todesgedanken vertraut gemacht, nun wird es mir schwer werden, den Gleichmut wiederzufinden. Aber, wenn ich doch gewinnen sollte, wenn ich jetzt in 14 Tagen frei sein sollte, frei, frei, frei, mir allein gehorsam, und meine Bahnen offen ...« (3.83)?

Aber am 20. März kann er mit monumentalen Lettern das Wort FREI ins Tagebuch setzen. Am 25. April 1907 trifft Georg Heym in Würzburg ein. Anfang Mai beginnt er sein Studium der Jurisprudenz.

IV. Studentenjahre oder die Maske

1. Lebensdaten 1907–1910

Mit Beginn des Studiums wird Heym Mitglied des Corps Rhenania. Um die Monatswende Juli/August reist er mit den Freunden Ernst und Rudolf Balcke auf eine Bergtour nach Tirol; man besucht Scharnitz, Innsbruck, Oberstdorf, München. Die Semesterferien werden in Berlin verbracht. 30.10.: Erste Mensur in Würzburg. Spätherbst: Der erste Akt des Dramas 'Der Feldzug in Sizilien' wird unter dem Titel 'Der Athener Ausfahrt' bei Memminger in Würzburg herausgebracht. Frühjahr 1908: Reise mit den Brüdern Balcke ins Riesengebirge, im Juni vier Tage mit dem Corps an Rhein und Mosel. Am 5. August Rückkehr nach Berlin (nur im November noch einmal in Würzburg, um eine Freundin wiederzusehen). Ab November: Fortsetzung des Studiums in Berlin. Im Frühsommer 1909 reicht Heym die gedruckte Fassung von 'Der Athener Ausfahrt' bei Maximilian Harden (dem Begründer der Wochenschrift 'Die Zukunft') ein. Harden beurteilt die Arbeit positiv. Im Februar 1910 sendet Heym sein Trauerspiel 'Die Hochzeit des Bartolomeo Ruggieri' an die von W.S. Guttmann gegründete Neue Bühne. Er lernt Guttmann persönlich kennen.

2. Würzburg

»Wir hatten eines Samstags abends eine der damals sehr beliebten Gartenkneipen. Unter dem auf einem Barocksockel stehenden Gaskronleuchter vor der Freitreppe stand unsere Kneiptafel. Es war eine strahlend schöne Sommernacht, die Nachtigallen sangen und die Stimmung unserer so unbeschwerten Tage stieg zu jener Höhe, in der man dem offiziellen Abschluß der Kneipe *Silentium, wir gehen nach Hause* nicht gern Folge leisten wollte. Wir verließen das Corpshaus und standen unentschlossen auf der Sanderglacisstraße, um uns an der Ecke Huttenstraße zum Heimweg zu trennen. Da ertönte Georg Heyms sonore Stimme: Wer geht mit auf den Schenkenschloßturm? Ohne lange zu überlegen, gaben wir alle unsere Zustimmung. Am Main entlang ging es am alten Kran vorbei zur Veitshöchheimer Straße, und dann zum Treppenaufstieg zur Steinburg. Es war etwa drei

Uhr morgens. Trotz der zu bewältigenden 354 Stufen des Treppenwegs kamen wir guter Stimmung an, immer wieder von Heyms fröhlichen Reden ermutigt. Von der Steinburg sahen wir über das Dürrbacher Tal hinweg den großen viereckigen Bau des Schenkenschloßturms in den blaudämmernden Morgenhimmel hineinragen. Der Abstieg ins Tal und der Wiederanstieg zum Turm verliefen normal und bald waren wir am Fuß des Turmes. Inzwischen ging die Sonne gerade auf und der herrliche Anblick bewegte uns alle tief. Heym wurde, wie immer bei solchen Ausflügen, zu dichterischem Improvisieren angeregt und hielt uns in Stimmung. Als die Sonne dann völlig aufgegangen war, und wir gerade mit dem Abstieg nach der im Tal liegenden Ortschaft Unterdürrbach beginnen wollten, wurden wir durch seltsam uns in den Ohren klingende Töne zu besonderer Aufmerksamkeit veranlaßt. Es war ein Summen, Singen und Klingen in feierlich getragener Weise, das uns aus dem Ortsausgang entgegentönte. Langsam entschleierte sich das Bild: und wir sahen eine der um diese Jahreszeit im Frankenland üblichen Bittprozessionen. Mit Staunen sahen wir diesen feierlichen Zug mit dem ganzen kirchlichen Prunk den Berg langsam hochkommen. Nur Georg Heym fand, wie von einer Vision erschüttert, plötzlich Worte, die ihm in Versform pointiert und wohlklingend über die Lippen kamen. Diese Verse wird Georg Heym nach dieser Nacht seinem Tagebuch einverleibt haben.« (4.61–62)

Der dezidierte Eindruck des Kommilitonen wird am 12. Mai 1908 wie folgt im Tagebuch festgehalten: »Am frühen Morgen ein Gang durch ein dämmerndes Tal. Auf halber Höhe hörte ich durch das Schlagen der Nachtigallen die verhallenden Töne einer Prozession, die vor der Sonne die Frucht des Feldes einsegnete. Sonst Gram gerüttelten Maßes. Jeder Tag verächtlich, bitter, lächerlich. Und keine Tränen mehr.« (3.108)

Es geschieht also folgendes: Heym macht – wie aus den Aufzeichnungen des Kommilitonen ersichtlich – mit sechs Leuten eine Nachtwanderung nach einer Kneiptour, ermuntert jene mit *fröhlichen Reden* zum Aufstieg, und trägt gar, *wie von einer Vision erschüttert,* Worte in Versen vor, die ein gemeinsames Erlebnis sofort verarbeiten. Noch drei Jahre zuvor hatte er, und Zweifel darüber, daß sich die Lage etwa geändert habe, kann es nicht geben, in sein Tagebuch geschrieben: »Denn er mußte im Dunkeln wandeln und sah das Licht nicht. Aber er lernte es, sich zu verbergen und gab sich als einen flachen Menschen des Alltags, damit sie ihn nicht mehr mit seinen Qualen verspotteten.« (3.29) Wie ist das zusammenzubringen: der fröhliche Kommilitone, sechs Kneipbrüder werden zu einem Nachtgang ermuntert – die private Notiz sieht ins Dunkel, in die Verborgenheit, faßt *verächtliche, bittere, lächerliche* Tage in einige Stunden zusammen, kein Wort von den Begleitern, nur von sich selbst: als sei er allein gewesen unterm *blaudämmernden Morgenhimmel?* Das Gedicht, das sich diesen Stunden verdankt, lautet:

Die Stunden gingen. Westwärts floh die Nacht.
Zu Häupten ward der grüne Himmelssaal
Dir aufgetan in unentweihter Pracht,
Noch dunkel lag zu Füßen dir das Tal.

Aus allen Büschen schwoll der süße Schlag
Der Nachtigallen in die weiche Luft.
Und mit dem Winde nahte frühem Tag
Der fast verglühten Fliederbäume Duft.

Du standest still auf deiner Wanderung
Auf halber Höhe, da vom Grund empor
Ein altes Lied erscholl, des frommen Schwung
Aus Dunkel sang der frühen Beter Chor.

Und eines Priesters volle Stimme sprach
Den Segen aus auf alles Land der Schlucht,
Da es noch kahl im Morgen lag und brach,
Und noch im Grund geborgen schlief die Frucht.
(1.659)

Das klingt nun ganz und gar nicht so, als sei auch nur ein Teil davon *pointiert und wohlklingend* in Gegenwart sechs anderer Leute vorgetragen worden. Schon die Tonlage dieser vier Strophen, nicht allein ihre Anmut – die auf eine strenge poetische Arbeit schließen läßt – spricht von einem Erlebnis, das er allein gehabt hat; seine Unwiederholbarkeit, in den Moment des Bildes eingegangen, spricht auch von Vereinsamung. Wohl läßt sich ein Mythos von Einsamkeit leicht dort bilden, wo ein Poem wie dieses die Weigerung fordert, das Erlebnis, das es heraufrief, mit anderen geteilt zu haben. Doch der Mystifikation, eine Wirklichkeit allein erfahren zu haben, um sie dann in eine neue Wirklichkeit zu verwandeln, liegt noch eine andere Abwehrhaltung zugrunde: stilbildend tritt sie in den gegenläufig angeordneten – unvergleichlichen – Eingangssätzen hervor: *Die Stunden gingen. Westwärts floh die Nacht.* Ein konventioneller Satz bekommt durch den zweiten poetische Kraft, die Stunden gehen eben nicht mehr so dahin: sie gehen nach Osten, die Nacht schwindet westwärts. Ist diese poetisch gefaßte Gegenbewegung ein Sinnbild für Flucht und Entschwinden aus einer Umgebung, die mit anderen nicht zu teilen war?

Nur sehr wenigen, die bis an sein Ende in seiner Nähe gewesen sind, ist klar gewesen: »Bei anderen schöpferischen Naturen besteht eine verständliche Einheit von Person und Begabung. Wenn sie sprechen, dann bleibt es dauernd spürbar, warum gerade dieser Mensch dies sagt. Bei Heym sprach sein wahres Wesen und sein Dichten über ihn, den Korpsstudenten und Kammergerichtsreferendar, dauernd hinweg. Man stand vor einem großen Naturschauspiel, zu dem der Mensch Heym ... eine Art denkwürdiger Folie bildete.« (4.8) Ein anderer Freund: »Das Eindrucksvollste, Sympathischste an Heym war die Stimme, besonders dann, wenn er sich selber rezitierte, mit einem ganz eigenen metallischen Klang.« (4.14) Nach eigenem Zeugnis litt er unter schweren Sprechhemmungen, schien sich selbst unfähig, seine Arbeiten richtig vorzutragen. Hört man das Zeugnis des Freundes, so scheint die Rede von einem Hinwegreden über diese Hemmung – über sie legt sich der *metallische Klang* der Stimme – ähnlich den Masken der Spieler im antiken Theater, die nicht sich selbst, sondern einen Typos vorzuführen hatten.

Der verborgene, größte Teil seiner Hinterlassenschaft blieb auch den Nächsten der Entdeckung nach seinem Tode vorbehalten. Manchem schien es, als töne aus der Schicht des »flotten Burschen und ausgezeichneten Kameraden« (4.56) die Stimme der wahren Person erst herauf. Er selbst: »Ich wundere mich selbst, daß ich noch andern gegenüber immer der Alte scheine, das Michverstecken ist mir fast schon zur zweiten Natur geworden.« (3.24) Die Angst, die Peinigungen des Lebens zu zeigen, die Angst, auch nur eine Spur der Leiden sichtbar zu machen, die einmal die große Lyrik bestimmen werden, ist so weitgehend bis in die letzten Jahre betont, daß nicht allein die Internalisierung väterlicher Autorität (die Rückschlüsse auf das Rollenverständnis des wilhelminischen Männlichkeitswahns zuließe) maßgebend sein kann. Ein so gebautes Über-Ich wäre kaum frei genug gewesen, die Corps-Umgebung als »furchtbar, geisttötend, stumpfsinnig, lächerlich« (3.89) zu erkennen. In diesen Notaten macht sich die Einsicht in die Deformationen der patriarchalen Untertanengesellschaft deutlich.

Dennoch werden die Einsamkeitstopoi von nie überwundenen Ängsten bestimmt gewesen sein. Ihre Beschreibung (in den Tagebuchaufzeichnungen) läßt die Rückkehr eines alten Kindheitsmusters erkennen: das Kind legt die Hand vor die Augen und sagt: Ich bin nicht da. Auch hier also wird die Verbindung zu den Bildfeldern der späten, phantastisch anmutenden Lyrik unübersehbar: die Bedrohungsinstanzen aus alter Zeit, vor denen man sich zu verbergen hatte, sind erhalten geblieben. Ihnen gegenüber wirken die Ängste, die über das Zeitalter hereingebrochen waren, wie flache Widerbilder. Wahn und Grauen, die in diesen Poemen begegnen, sind die phantasmagorische Konsequenz einer Wiedererinnerung.

Historisch gesehen wurde sie, ausgehend von der Vor- und Frühgeschichte, gleichsam an die Epoche weitergereicht. Doch auch das andere ist wahr: nicht allein trug er die Maske, die ihn am Ende »wie eine Festung umschanzt« hat (3.167), um sich zu verbergen. Mit ihrer Hilfe hat er auch eine Rolle spielen können, und sei's nur jene der Anpassung an die Forderungen seiner Lebenszeit.

Eine eindrucksvolle Folge wird dieses Spiel noch haben. Die Maske wird einst nicht mehr die des Verborgenen, sondern die des Angreifers sein. In ihr treten jene schrecklichen Götter und Dämonen ins Halb- und Spätlicht der Städte: düstere, zerstörerische Herrscher. Wie in Hypnagogien hat sich das sybaritische ins medusische Antlitz gewandelt. Spekulation mag bleiben, ob es Augenblicke in diesem Leben gegeben hat, da er denn doch vollends zu verbergen wünschte, was die Angstabwehr, in grausige Bilder gesetzt, aufs Papier gebracht hat. Daß die Zeit »für sie vielleicht noch nicht empfänglich« sei (3.233), hat er in einem Brief an Ernst Rowohlt einmal vermutet (und sich von seinen Freunden bewegen lassen, das eine und andere dieser Danaergeschenke nicht der Rücksicht auf die Mitlebenden zu opfern). Wohl mußte er den Haß auf die – etwa in dem Gedicht 'Das Fieberspital' geäußerten – realitätsnahen Einsichten ebenso fürchten wie die Institutionen der frommen Gewalt, die die Väterwelt über ihn verhängt hatte – auch im Anpassungszwang jener *fröhlichen Ermutigung,* unter der das gerüttelte Maß des Grams, des verächtlichen bitteren Tages, auch die Tränen zu begraben waren.

Sicher ist, daß sein soziales Verhalten noch die Freunde blind gemacht hat für das, was sie später mit nicht selten angenehmem Schauder seinen Tagebüchern entnahmen: wie es denn in Wahrheit um ihn bestellt gewesen ist. Ihre Hilflosigkeit und Blindheit vor dem Unterbau der Dichtung – die sich in *Sehertum und visionären Bildern* einzufinden hatte, um der Geschichte nicht zu nah auf den Leib zu kommen – waren der Einsicht entzogen, daß Poesie immer von der Person spricht, die sie hervorbringt; daß, nach einem Satz Schlegels, der Künstler sein Zentrum nur in sich selbst hat.

Wenn dieser *Naturbursche* (wie er sich einmal selbstironisch nannte) auch gleich nach Beginn des Studiums Mitglied des (schlagenden) Corps Rhenania wird, so trägt er doch schon vier Wochen darauf in sein Tagebuch ein: »Wer weiß, wie lange ich hier noch aushalte. Ich sehe immer wieder, daß ich nicht für ein solches Leben geschaffen bin.« (3.91) Daß er überhaupt Corpsstudent wurde, ist im Hinblick auf die Internalisierung von Autorität leicht erklärlich: »Den Traditionalismus des Vaters prägten nicht nur der Beruf, sondern auch das Corpsstudententum, eine Institution, deren Komment spätestens seit der Mitte des 19. Jahrhunderts einem rigiden Anpassungsmechanismus unterworfen war, absolutes Sicheinfügen verlangte – als Vorwegnahme und Übung späteren Wohlverhaltens – und so die Integration der akademischen Jugend in die Gesellschaft gewährleistet.« (Korte, 13) Man kann das auch in Heinrich Manns 'Der Untertan' nachlesen. Doch die Abwehr gegen diese stumpfsinnige, lächerliche Männerbündelei äußert sich zunehmend schärfer und verächtlicher: »Wieder den ganzen Tag mit stumpfen Leuten zusammen. Eine Qual ist das« (3.97), »der Haß gegen diese Menschen hier frißt sich immer tiefer in mich ein« (3.99). Einen Freund fleht er geradezu an, nach Würzburg zu kommen, weil ihn »danach dürstet, hier mal einen Menschen zu haben, dessen Hirn nicht mit Knobelbecher, Bierkomment, Mensurgeschichten ganz ausgefüllt ist« (4.500). Im November 1908 (als er endgültig nach Berlin zurückgekehrt ist) tritt er aus dem Corps aus: »Niemand kann zween Herren dienen. Und was soll mir, der die Schönheit und Freiheit liebt, ein solcher Zwang.« (3.120)
Das verdeckte, das andere Leben: nur den engsten Freunden wurde hie und da Einblick gewährt – wenn man ihn auf Bildern dieser Jahre unter den Corps*brüdern* sieht, im Hintergrund, mit einer an Versteinerung grenzenden Miene, ist dieser Panzerung anzusehen, wie mächtig die Ängste gewesen sind, erkannt zu werden, Leiden und Verletzbarkeit vorzuweisen: die Mensur wird allenfalls deshalb geschlagen, um sich mit dem Vorwurf der Feigheit auch die dreiste Aggressivität der imbezilen Umwelt vom Leibe zu halten. Und in einer geradezu absurden Wendung (noch einige Male in späteren Jahren wird das erwogen), die an Ewald von Kleist erinnert, Dichter und Offizier im friederizianischen Preußen, äußert er sich in einem Brief: »Ich habe Lust, Officier zu werden. Fürchte aber, da ist es ebenso. Nur, daß man eben mehr freie Zeit hätte« (4.501) – und gleichsam in der windstillen Mitte des Wirbelsturms leben könnte.
Auf den ersten Blick scheint in der dichterischen Produktion der Zeit kaum ein Wandel sich anzuzeigen. Sie ist aber nichts weniger als nur

ein Übergang: denn kaum möglich wäre die Summe, die dann 1910 und 1911 gezogen wird, ohne einen Vorgang, den allein Erfahrung vermittelt, vielleicht nicht einmal das: nur ein etwas genauerer Blick. Naturgedichte, bei denen früher noch der Eindruck blieb, das Element sei genre- und stimmungsmäßig, als Kulisse von Empfindungen hervorgetreten, beginnen jetzt, unmittelbare Anschaulichkeit zu bezeugen; Natur nicht mehr als bloß kompositorische Erfindung, sondern als Entdeckung:

Frühling.
Ein erstes Blühen
In zarten Frühen,
Vom Himmelssaum
Ein Stern noch schaut.
Ein Lerchenschlag
Im stillen Raum,
Weit vor Tag
Und sonst kein Laut.
O Liebe.
(1.657)

Das ist im Frühjahr 1908 entstanden, in einer Zeit wohl, als er mit den Freunden Ernst und Rudolf Balcke im Riesengebirge wandert. Zur gleichen Zeit entsteht aber auch ein anderes Gedicht, in dem sich Phantasie und Anschauung eindrucksvoll aneinander entzünden:

Viel runde Städte liegen an dem Strom
An Türmen reich, und manchem grauen Dom
Und schmalen Brücken, darauf segnend thront
Der Heilige. Doch sind wie unbewohnt
Und stumm die einst so Frohen, da der Schall
Der Hochzeitsgeigen weiten Widerhall
An den Palästen fand, da Rosen trug
Der stolzen Gondeln hochgeschweifter Bug,
Und Wein aus Brunnen lief, da nun das Moos
Den Marmorrand begrub und Brunnens Schoß.
Wo der Delphin aus dem gewundnen Hals
Die blanken Strahlen spie, die leisen Falls
Und klingend sprangen in der Becken Rund.
Doch ist versiegt des Fisches trockner Mund.
Und immer geht der Strom noch Tag um Tag
An den Verfallnen hin. Es höhlt der Schlag

Der Welle in der Mauern Grund sich ein
Und leckt der grünen Stufen morschen Stein,
Und in dem Sand verrinnt die Welle matt.
– Es dunkelt schon. Von kahlem Baum ein Blatt
Tanzt in dem kühlen Wind auf Brunnens Rand.
Und Schatten kommen in das tote Land.
(1.656)

Die *vielen runden Städte:* das wird vor allen Dingen eine sein, Würzburg, Blick auf die Alte Mainbrücke, aber kaum spürbar, nur durch zwei Nomina angekündigt – die *Paläste* nämlich und die *Gondeln* –, tritt eine andere, eine schon verfallende Renaissancestadt in den Blick. Ein Bild Venedigs könnte hier die Phantasie in Gang gebracht haben (Heym ist nie dort gewesen), aber das Bild, das beide Veduten ineinanderfließen läßt, bricht nicht auseinander, schließt sich vielmehr zu einer einzigen Komposition, und man könnte sich fragen, warum hier in zwei historischen Tonlagen – der Gegenwärtigkeit des zu Füßen liegenden Würzburg und der anderen, der verfallenden Stadt – mit einer einzigen Stimme gesprochen wird. Wovon die Rede ist, macht der Text deutlich: hier wird nicht nur aufgeschrieben, was man sieht; das Bild hat historische Tiefe, im Verfallensein der schattenhaft aus der Vergangenheit hervorgetretenen Stadt, ihres an Brunnen und Mauern vorgeführten Verfalls, wird das Zergehen der Stadt, die er sieht, ihres Lebens Ende beschrieben. Es wird mithin metaphorisch auf einen historischen Augenblick geantwortet (mitnichten *seherisch* verkündet, daß Schlimmes sich anbahne), es wird, so scheint es, mit einem bestimmten Blick auf die Dinge ihr Schicksal gefaßt, das später überhaupt zum Gegenstand der Lyrik wird. Das wird dann aber nicht mehr träumerisch sein und zart, wie hier, sondern in düsteren, kalten Bildern, die den Verfall nicht allein als naturgegeben, sondern als bedrohlich erscheinen lassen. Worauf hinauszukommen ist: Dieses Weltbild konnte sich nur gründen auf Anschauung, nicht allein auf imagines. Diese treten später in ganz neue Rechte ein. Vom realen Untergrund beginnen sie sich in der großen Lyrik zu lösen, erfunden (wie in der frühen Jugend) nun ein weiteres Mal, aber zu dem Zweck, in ihrer Metaphorik zu Elementen der Geschichte selbst zu werden: ihrer Bedrohung, ihrer Gewalt: »Durch leerer Brücken trüben Schall, und Städte / Die hohl wie Gräber auseinanderfallen, / Und weite Öden, winterlich verwehte« (1.422): Oktober 1911.

3. Die Wolken

Haben die fränkische, die schlesische und auch die Landschaft an Rhein und Mosel, wohin er im Sommer 1908 mit dem Corps reist, den Grund für anschauliche, der Wirklichkeit abgewonnene Naturbilder gelegt, so wird ihn eine andere Erfahrung aus dem Spätsommer 1908 durchdringend prägen: »Wir besuchten [nach Heyms Rückkehr nach Berlin im August] zusammen viele Vorlesungen und juristische Führungen. Aus den Besichtigungen dieser Zeit haben Heym vor allem die Eindrücke, die er in den Strafanstalten und dem Leichenschauhaus erhielt, nicht mehr losgelassen. Die Gedichte über die Gefangenen, Irren, Selbstmörder, Ertrunkenen sind unmittelbare Auswirkungen des von ihm damals Erblickten. Eine besondere Anziehungskraft übte auf ihn der Selbstmörderfriedhof im Grunewald bei Schildhorn mit seiner kleinen Leichenhalle aus, in die die aus dem Wasser geborgenen oder im Walde gefundenen Toten zuerst hinkamen. Auch Heym und mein Bruder haben im Januar 1912 dort gelegen.« (4.40 f.) Rudolf Balckes, des Freundes, Mitteilung macht nur den Anlaß, nicht seine Verarbeitung deutlich. Die Gedichte, von denen sie spricht, werden erst viele Monate später geschrieben – und es werden damit nicht eben Eindrücke festgehalten, als wolle man ihrem Vergessen zuvorkommen. Im Gegenteil: sie treten ganz offenbar in einen langen und mühevollen historischen Prozeß ein. Es wäre möglich, den Beginn dieses Prozesses, der im Jahre 1910 mit Gedichten wie 'Die Irren' oder 'Das Fieberspital' in eine neue Phase eintritt und 1911 mit einem größeren Teil der Novellen gleichsam abgeschlossen ist, bei einem Gedicht zu suchen, das im April 1909 entsteht, sieben jambisch gesetzte Strophen von einem Motiv veranlaßt, an das zu erinnern sein wird. Vorauszuschicken wäre noch, daß in diesem Gedicht das Erlebnis im Leichenschauhaus und auf dem Selbstmörderfriedhof wohl Anlaß war, daß aber hier, in diesem Bild von grandioser Geisterhaftigkeit, das Erlebnishafte völlig verschwunden ist. Der Titel lautet: 'Den Wolken':

Der Toten Geister seid ihr, die zum Flusse
Zum überladnen Kahn der Wesenlosen
Der Bote führt; eur Rufen hallt im Tosen
Des Sturms und in des Regens wildem Gusse.

Des Todes Banner wird im Zug getragen.
Des Heers carrocha führt die Wappentiere.

Und graunhaft weiß erglänzen die Paniere,
Die mit dem Saum die Horizonte schlagen.

Es nahen Mönche, die in Händen bergen
Die Totenlichter in den Prozessionen.
Auf Toter Schultern morsche Särge thronen,
Und Tote sitzen aufrecht in den Särgen.

Ertrunkne kommen, Ungeborner Leichen,
Gehängte blaugeschnürt, die Hungers starben
Auf Meeres ferner Insel, denen Narben
Des schwarzen Tods umkränzen rings die Weichen.

Es kommen Kinder in dem Zug der Toten
Die eilend fliehn, Gelähmte vorwärtshasten.
Der Blinden Stäbe nach dem Pfade tasten
Wo Abgrund rings an Abgrund dunkel drohten.

Der crucifixus ward einhergetragen.
Da hob der Sturm sich in der Toten Volke.
Vom Meere scholl und aus dem Schoß der Wolke
Ein nimmerendend grauenvolles Klagen.

Es wurde dunkel in den grauen Lüften,
Es kam der Tod mit ungeheuren Schwingen,
Es wurde Nacht, da noch die Wolken gingen
Dem Orkus zu und den geleerten Grüften.
(1.678)

Der *Toten Geister* werden angerufen, das antike Bild vom Hermes Psychopompos, dem Boten, der sie zu Charons *überladenem Kahn* geleitet, mit dem sie über den Acheron geführt werden sollen; doch rasch wird dieses Bild verlassen, die Toten erscheinen im Zug, es sind Heere Geschlagener mit Panieren, Mönche werden sichtbar, Tote tragen in morschen Särgen andere Tote, die darin aufrecht sitzen, fliehende Kinder, Gelähmte, Blinde: *aus dem Schoß der Wolke schallt ein nimmerendend grauenvolles Klagen.* Dann wird es wieder dunkel, der Tod schwingt sich – auch das ein mythisches Bild – in Gestalt eines riesigen Vogels herab – und die Wolken wandern weiter dem Orkus zu.

Erst der Schluß macht deutlich, daß die Wolken selbst, ihre verwehende, strömende, dahinjagende und in jedem Moment sich ändernde Gestalt, diese Imagination *geboren* haben, alles verschwindet

endlich wieder im Dahinströmen der Wolken, die in den Orkus fahren.
Immer wieder begegnet dieses Motiv in der Lyrik dieser Zeit, aber gerade in diesem Gedicht, das von antiken Mustern zu einem mittelalterlichen Totentanz wechselt (er bildet den Kern des Gedichtes) – vom schwarzen Tod ist einmal die Rede, das Urbild ist also bewußt 'zitiert' –, gerade in diesem Gedicht scheint deutlich zu werden, warum Heym offenbar tief fasziniert immer wieder von ihm Gebrauch gemacht hat. Hier ist um ein Jahr, das uns erst an anderer Stelle beschäftigen wird, vorauszugehen – und sei's nur, um zu zeigen, daß eine zyklische Entwicklung sich chronologisch schwerlich fassen läßt. Im Oktober 1910 wird, vielleicht als Vornotiz für ein Gedicht, folgender Text ins Tagebuch geschrieben: »Wolken: eine ungeheure schwarze Fläche, wie ein riesiges schwarzes Land, bedeckt den südlichen Himmel. Rechts, gen Westen, reiht sich daran ein breites, über den ganzen Himmel gespanntes Band, breit, tiefrot. Wie die Trauben an der Stirn eines bekränzten Gottes, so hängt eine Anzahl von roten langen Fetzen daraus herab. Ganz oben in der Mitte ist wie ein ungeheurer Spiralnebel eine rote feine Wolke, die in dem tiefen Blau langsam zerfließt.« (3.111) Ohne Zweifel hat man es hier mit einer sehr stil- und farbsicheren Beschreibung eines abendlichen Himmels zu tun, treu am Gegenstand – mit einem einzigen Phantasiestück: die *Trauben an der Stirn eines bekränzten Gottes.* Ein zufälliger Vergleich?
Nun hatte Heym von einem bestimmten Zeitpunkt an die Gewohnheit, Träume, die ihm wichtig erschienen und die er – soweit das überhaupt möglich ist – nicht nur erinnern, sondern auch niederschreiben konnte, zu notieren. Viele dieser Traumgesichte finden sich in seiner Lyrik, vor allem auch in seinen Novellen wieder. Man kann diese Träume nur auf sich wirken, sich von ihrer Dichte und Gewalt faszinieren lassen; Deutungen sind kaum zulässig und, da Anamnese-Material fehlt, in fast allen Fällen auch unmöglich. Der Traum hingegen, von dem hier die Rede sein soll, läßt wenigstens in einer Schicht sich erhellen. Er wurde am 22. Oktober 1910 notiert, äußerstenfalls also drei Wochen nach der oben zitierten Tagebuch-Eintragung; er lautet: »Rechts vom Fenster über dem Lietzensee liegt eine große Nachtwolke. Sie verändert sich u. es werden aus ihr 6 große goldene nackte Titanen, die ihr Haar aufgebunden haben. Sie stehen da, und die ganze Beleuchtung der dunkelen Landschaft bis hinten an den Wald scheint von ihren gewaltigen Leibern auszugehen. Ich war außerordentlich entzückt darüber und rief noch: Mutter komm mal

her. Sieh Dir mal die Wolken an. Da verschwand das Licht, die Titanen schienen auf die Kuno Fischerstraße herabzusteigen, und waren mit einem Mal kleine gewöhnliche Menschen ...« (3.188).

Dieser Traum, dessen Schönheit wahrhaft *entzückt*, spricht in einem Bild, dessen Sprache Freud in seiner 'Traumdeutung' entschlüsselt hatte: Wasser-(hier: Wolken-)Träume symbolisieren den Geburtsvorgang. Vom *Schoß der Wolke* war in der vorletzten Strophe des vorhin zitierten Gedichtes die Rede, die Züge der Toten werden aus den Wolken *geboren*, die Wolken, die in die *entleerten Grüfte* fahren, kehren in den Mutterschoß zurück. Der Träumende zeigt der Mutter die Wolken, stellt also zwischen ihnen und ihr eine ausdrückliche Beziehung her.

Wer sind die Titanen, die aus den Wolken hervorgehen? Warum verwandeln sie sich in *kleine gewöhnliche Menschen*, die unten auf der Straße entlanggehen? Der Traum vervielfältigt das Ich des Träumenden: die Titanen sind Ich-Inkarnationen (zu Hilfe kommt dem Traum die Zahl der Kinder der Rheia und des Kronos – Hestia, Demeter, Hera, Hades und Zeus, die der antike Mythos, nach Hesiods 'Theogonie', als die Götter zeigt, die die Titanen in den Tartaros verbannen werden). Zu entschlüsseln ist der Traum vielleicht, wenn man ihn rückwärts liest. An seinem Anfang stünde dann der *kleine gewöhnliche Mensch*, der durch die Straße, den Geburtsweg, hinausdringt und sich in einen strahlenden Titanen verwandelt. Im goldenen Glanz, der von ihm ausgeht, spricht sich nicht allein das Goldene Zeitalter aus, von dem Hesiod gesprochen hat; auch überstrahlt er nicht allein die düstere Landschaft *bis hinten an den Wald* (der Traum benutzt das reale Bild des waldumkränzten Lietzensees zum großartigen Traumsymbol für den Ausgang des Mutterleibs) – dieser Glanz ist vor allem das Sinnbild des Ruhms, den der Träumende in diesem Wunschbild bereits gewonnen hat. (So wird auch das Phantasiestück erklärlich, das seinen Platz im realen Naturbild jener vorher zitierten Tagebuchnotiz scheinbar so zufällig gefunden hatte: im *bekränzten* (Dichter-)*Gott* hatte sich der Wunsch eines Tagtraumes erfüllt.) Daß ausgerechnet die Mutter im Traum zum Zeugen dieser einzigartigen Erscheinung angerufen wird, mag den nie aufgegebenen Wunsch erfüllen, von ihr anerkannt und damit ihrer Liebe gewürdigt zu werden.

Im selben Jahr hat Heym seinem Verleger Ernst Rowohlt – mit monumentalen Lettern – als Titel für seinen ersten Gedichtband unter anderem DIE WOLKEN vorgeschlagen (7.12.1910).

Einer Freundin wegen, an der er sehr hing, ist ihm der Abschied von Würzburg schwer geworden. Im November 1908 – längst wird das Jura-Studium an der Friedrich-Wilhelm-Universität zu Berlin fortgesetzt – fährt er noch zweimal nach Würzburg. 'Den Göttern' (er schreibt es griechisch: Theois) ist ein zweistrophiges Gedicht überschrieben, das in diesen Tagen entsteht:

> Ihr zerreißt nicht Herzen, wie ihr schiedet
> Dies und das in euren Prunkgeweben.
> Ach, sie sind zu fest in eins geschmiedet,
> Daß sie je getrennet könnten leben.
>
> Was denn ist euch, die im Lichte schweben,
> Aller Gram, der unter Wolken wohnet?
> Ach, nicht mehr, denn nur ein leises Beben
> Durch die Freude, die im Äther thronet.
> (1.666)

Den Göttern ist der Gram auf Erden nichts als ein *leises Beben,* das ihre Freude nicht stört. Der Anlaß der Verse, der Abschied vom Mädchen, tritt zurück hinter eine Erkenntnis, die nach Ausdruck sucht. So geht es auch mit den Tagebuch-Einträgen dieser Wochen: durchliest man sie, so entsteht der Eindruck, als werde mit der Sprache der Abschiedstrauer zugleich der Kern der Daseinsschwermut zum Sprechen gebracht. Die Notate, wieder und wieder an die Trennung von der Freundin knüpfend, streben offenbar auf eine Erkenntnis zu, die gleichsam den historischen Augenblick dieses Lebens beschreiben könnte. Wiederum in ein Naturbild gebracht, ließe sich die innere Lage anhand einer Notiz fassen, die (am 13. Dezember 1908), vielleicht nach einem Spaziergang, niedergeschrieben wurde: »Ein nebliger Wintertag. Ich ging durch unbebaute Straßen, Feld, kahle Bäume. Alles seltsam groß und fern ... So ging ich immer tiefer in die weiße Wand hinein, bis ich nichts mehr um mich sah, als den Nebel, das dicke graue Leichentuch.« (3.122) Da ist nicht einfach einer aufgebrochen, um einsam im Nebel zu wandern, solch ein Eindruck wird aus sehr distinkten Gründen festgehalten. Es ist eine Berliner Vorstadt, durch die er geht, unfertig, unbebaute Straßen, die noch in Felder übergehen, unbewohnt noch alles, nichts ist greifbar, eigentümliche Grenzwelt also, in der sich das Erblickte mit dem Empfundenen deckt, und das ist eine merkwürdige Ambivalenz: die *weiße Wand* ist bedrohlich, sie umschließt, sie schützt aber auch *als dickes graues Leichentuch.* Viele Empfindungen kommen da zum Ausdruck: Unsicherheit, Angst, noch im makabren Bild eine Sehnsucht nach Geborgenheit, aber es ist nichts da, wohin man sich bergen könnte – für die Götter ist das alles nur ein *leises Beben,* dem *Gram unter den Wolken* gilt nichts als ihre Indolenz.

Wenn es wahr ist, daß irgendwo auch *das Rettende wächst,* wie das Jahre zuvor in der Begegnung mit Hölderlin geschehen war – und sei es nur in der Erkenntnis, daß man diesen Gram gerüttelten Maßes mit anderen Großen teilen kann –, dann muß eine neue Begegnung für ihn diese »Rettung« gewesen sein. Um so bedeutungsvoller ist sie einzuschätzen, als sie ihm unüberhörbar helfen wird, »an Präzision und tüchtiger Gelenksamkeit« zu gewinnen (Hölderlin an Böhlendorff, 4.12.1801). Er liest, und man soll hier getrost ein wenig der Phantasie folgen, etwa diese Sätze:

»Puppen sind wir, von unbekannten Gewalten am Draht gezogen; nichts, nichts wir selbst! die Schwerter, mit denen Geister kämpfen – man sieht nur die Hände nicht, wie im Märchen. Das leiseste Zucken des Schmerzes, und rege es sich nur in einem Atom, macht einen Riß in der Schöpfung von oben bis unten.«

»Je leerer, je kälter, je sterbender er sich innerlich fühlte, desto mehr drängte es ihn, eine Glut in sich zu wecken. Die Welt, die er hatte nutzen wollen, hatte einen ungeheuren Riß; er hatte keinen Haß, keine Liebe, keine Hoffnung.«

Eintragung vom 29. Januar 1909 ins Tagebuch: »Georg Büchner erhalten und einen neuen Gott ... auf den Altar gestellt.« (3.124) In dieser hymnischen Feststellung hallt es noch nach: kaum zu bergen schien, was ihm in Wahrheit begegnet war; nicht ein *Gott,* eine große Identifikationsfigur; einer, in dessen Hinterlassenschaft sich der historische Moment gebrochen, Sprache erlangt hatte. Was zu sagen war, ließ an die düsteren Erkenntnisse dieser Existenz sich schließen, in ein Bild gefaßt (das einer Zeitungsnachricht sich verdanken mochte): »Ich führe den Beweis, daß kein Gott existiert, wenigstens kein guter Gott. Einer Witwe sterben alle Kinder nach und nach fort. Sie bittet jede Nacht, ihr das letzte zu erhalten. Es stirbt. Warum? Was ist hier die moralische Idee? ... Wäre ein guter Gott, sein Herz hätte ihm zittern müssen bei soviel Leid; er hätte nicht nur den Sohn im Leben behalten, er hätte alle toten Söhne aus den Knochenhäusern kommen heißen. Der gute Gott sitzt oben hinter den Wolken und rührt sich nicht. Da ist alles Stein, taub, hohl und leer.« (3.136) Allein die Form der 'Geschichte' blickt auf das Vorbild Büchner zurück. Hinzu kam, daß jener, den ein zeitgenössisches Lexikon einen »talentvollen Dichter« geheißen hatte, vom öffentlichen Betrieb, das heißt also auch: der Schule, der Universität, praktisch nicht wahrgenommen worden war (obgleich die erste kritische Gesamtausgabe von Karl Emil Franzos seit 1879 zur Überprüfung dieses *schönen Talents* vorlag): ein Grund mehr für Heym, sich ihm zuzuwenden. Es kann nicht überraschen, daß alsbald nach dem ersten Leseeindruck ein Gedicht wie das folgende (im Februar 1909) entsteht:

Die grauen Wolken fliehn in großen Heeren,
Es hallt der Schlachtruf in den lauten Winden,
Zahlloses Kriegsvolk ziehn sie aus dem Leeren.
Doch auch wie Tote, die nicht Ruhe finden.

Es schallt wie Klage aus der Wolken Munde
Wie Totenklage auf dem Schlachtgefilde,
Wo nicht der Erde Schoß begrub die Wunde
Der Leiber, die sie trafen durch die Schilde.

Es taut das kahle Land. Im Schneefeld rinnen
Der dunklen Wasserläufe schmale Flächen.
Wie auf der Leiche weißem Antlitz spinnen
Sich schwarze Adern, die die Haut zerbrechen.

Die Bäume, die in Winternacht erfroren,
Sie mühen sich, dem Sturme sich zu neigen.
Sie wissen wohl, daß sie die Kraft verloren,
Und zucken schmerzhaft in den kranken Zweigen.

Ein Stamm zerbrach, er senkte sich im Falle
Dem Wasser zu, aus dem er Kraft gesogen.
Die Vögel flohen ihn mit lautem Schalle
Und langsam trieb er mit den schwarzen Wogen.

Ein böses Land, in dem die Winde wohnen,
Wo sommers nur die tauben Gräser reifen,
Wo Korn und Früchte nie dem Pfluge lohnen,
Und nur die Bienenschwärme streifen.
(1.672)

Hatte das erste Gedicht ('Die Wolken') mythischer, auch mittelalterlicher Bildvorstellungen sich bedient, um mit ihnen den Zug von Geburt, Verfall und Tod nachzuschreiben, so bringt dieses in einer Metaphorik von irreversibler Konsequenz ein Geschichtsbild unter die Augen, das nur noch vom »gräßlichen Fatalismus« der Historie zeugt. Das Kriegsvolk ist schon den Toten gleich, *die nicht Ruhe finden,* im Bild der *Klage aus der Wolken Munde* sind die Mütter zu sehen, die ihre toten Kinder auf den Schlachtfeldern suchen. Der auch in den düstersten Mythen noch bewahrte Zirkel von Aufgang und Untergang scheint hier durchbrochen: die letzte Strophe spricht es aus, im schwarzen 'Stilleben', das das tröstliche Widerbild vom Keimen, Reifen und Vergehen aufgezehrt hat. Die Fluchtlinien führen nirgendwo mehr hin. Die Natur wird zur Allegorie von Geschichte. Das geschieht auf ganz realer Grundlage: das *kahle Land, der dunklen Wasserläufe schmale Flächen, die Bäume, die in Winternacht erfroren,* treten hervor, auch der ins Wasser gebrochene Stamm. Das Gedicht hat einen realistischen Unterbau. Dennoch gewinnt die Wirklichkeit durch die Montage von Einzeleindrücken neue Objektivität: in der Erstarrung der Landschaft wird die subjektive Einsicht in die Ausweglosigkeit historischer Prozesse deutlich.

5. Die antiidyllische Tendenz

War die Begegnung mit Büchner ein Zufall? Ist überhaupt der Moment, die Stunde »zufällig«, in der eigene Gedanken auf vordem Gedachtes treffen? Diese Begegnung hat sich wohl lange vorbereitet. Schon im März 1908 erscheint eine Tagebucheintragung (Anlaß nicht zu ermitteln und für den Zusammenhang auch gleichgültig), die sich liest, als werde der alsbald neu gewonnenen Orientierungsinstanz vorausgesprochen; sie lautet: »Der Schmerz ist wie ein Dach über der ganzen Welt. Im einzelnen Menschen baut er sich Säulen, auf denen er sich über alles Menschliche Sein hinspannt.« (3.104) Büchners Hohn auf die *Taschenspielerkunststücke Hegelischer Dialektik,* in denen sich ausdrückte, daß Alles, was wirklich, auch vernünftig, Alles was vernünftig auch wirklich sei (Vorrede zur 'Philosophie des Rechts'), dröhnte in Heyms »vor Wahnsinn knallende Zeit« (3.175) nur noch wie ein Nachhall: »Die niedren Himmel hingen auf dem Rand / Der toten Welt, ein Bahrtuch, grau und kalt. / Vom Horizonte nur, aus schmalem Spalt / Fiel noch des Mittags Fackel auf das Land.« (1.689)

Ein böses Land, in dem die Winde wohnen: Die Natur ist am Ende für ihn nur noch Metapher für Geschichte. Er hat sie aber als Element seiner Lyrik auch kaum deshalb aufgeben können, weil seine Naturvorstellung sich rebellisch gegen die traditionelle Neigung hat wenden wollen, Landschaft als Gefühlskulisse vorzuführen: »Gerade diesen Bereich hat er zu einem Demonstrationsobjekt antiidyllischer Tendenzen gemacht« (Schneider a, 260). Noch die frühe Großstadtlyrik, die im Frühjahr 1910 einsetzt, hat durchaus naturalistische Züge. Die Phase bis zu dem Augenblick, da er sich der Landschafts- und Naturbilder metaphorisch zu bedienen beginnt, um den Reduplikationen der frühen Ängste ihr entsetzliches Gesicht zu geben, wird etwa ein Jahr währen. Um die *Idealisierung des Menschenbildes* war es dann ebenso geschehen wie um eine Natur, die vielen seiner Zeitgenossen noch als Fluchtperspektive vor unerlösten Ängsten erschienen ist.

Wenn in Heyms Dichtung Angsterfahrungen aus der eigenen Frühzeit auf historisch begründete der Allgemeinheit treffen, dann verschwindet mitnichten der Bezugspunkt, den Lyrik und Prosa in der Individualgeschichte gehabt haben, denn »die Erfahrung ausgesprochen kreatürlicher Angst ist ein Zentralerlebnis Heyms und einer der Ausgangspunkte des gesamten« Werkes (Schneider a, 35). Die in den Tiefen der Biographie nur scheinbar entschwundenen Ängste begannen aber die historische Gegenwart nun einzuholen und gewannen Gesicht und Stimme im Anblick des großen Ganzen.

Die *weiße Wand,* in die er hineinlief, war nicht nur eine großartige Metapher für die Geschichte aller: »Es lauert im Inbegriff des Weißen etwas Unfaßbares, das mehr Furcht und Entsetzen verbreitet als etwa das beängstigende Rot des Blutes« (Herman Melville, Moby Dick) – diese Nichtfarbe wird, neben ihrem Kontrast, schwarz, fortan in Heyms Lyrik auch die Metapher der Angst, des Grauens sein. Aber dieses Angstbild der weißen Wand spricht noch von etwas anderem. Die Angst, vor dieser Wand zu fliehen, ist, wie alle Ängste, untermischt der Neugier, zu erkennen, was in ihr sich verberge. Konkret: der Frage ist nachzugehn, wie in Bilder, in Benennungen zu fassen sei, was in der Kindheit nur aus der Welt der Märchen seine Namen gewann.

Lag es nahe, daß in den Bildern einer Natur, deren Unterstes nach oben gekehrt wurde, dieser *Sphinx,* die ihr wahres Grauen unterm zarten Abendschein verbarg, das Angstbild zu benennen war? Aus einem Werk Maurice Maeterlincks hat er sich (im Oktober 1911) den Satz notiert: »Muß man glauben, daß es Absichten in der Natur gibt, die zu begreifen, gefährlich?« (3.168)

Die Rede kann also nicht mehr sein von einer Natur, *in deren Mitte wir leben und der wir fremd sind; die unaufhörlich mit uns spricht und uns ihre Geheimnisse nicht verrät, auf die wir wirken und über die wir doch keine Gewalt haben* (wie Goethes Naturbild im 18. Jahrhundert einmal beschrieben wurde): in einer gewalttätigen Übertragung werden die Schmerzen und Ängste der eigenen Geschichte in

Naturbilder gezwungen: »Die Bäume knarren, wirr betäubt. / Sie wissen nicht, was sie auseinandertreibt, / Ihre haarlosen Schöpfe. / Und die Raben, über den Wäldern gesträubt, / Streifen in das Verschneite weit, / Eine klagende Herde. / Die Blumen starben in der goldenen Zeit / Und Winter jagt uns über dunkle Erde.« (1.408)

In der Natur wird die eigene Fremdheit und Unberechenbarkeit wiedererkannt, das *Tier aus der Tiefe.* Doch die Angstabwehr, die Großstadtlyrik wird es zeigen, wandelt sich mit der Zeit in Bemächtigung, der Bedrohte wird zum Handelnden – ebenfalls in Bildern, die insgesamt in einem sehr weit gefaßten Sinn denen von Natur zuzuordnen sind: auch die Menschennatur ist dann mit ihnen gemeint.

In den Träumen, die Heym aus dieser Zeit aufgezeichnet hat, wird, im Wunsch nach Ruhm, der ja auf atavistischen Machtwünschen gründet, an heroischen Bildern erkennbar, wie der Bedrohte zum Handelnden, ja zum Angreifer wird. So bekämpft er den *noch unbekannten Napoleon* im Duell (5.9.1908), verübt auf den Hofzug des Zaren ein Attentat (6.7.1909) und am 7.5.1910 beglückwünscht ihn gar jemand zum *Siege meines Genius.* Tief begraben sind diese Phantasien unter den (Tagebuch-)Sätzen: »Wäre es nun nicht völlig gleich gewesen, ob ich überhaupt nicht gelebt hätte, oder ob ich dies inhaltlose Dasein mit mir herumgeschleppt hätte. Ich weiß auch gewiß nicht, warum ich noch lebe.« (3.131) Geschrieben von einem, aus dessen ohnmächtiger *Kerkerhaft* sich die Macht des Kinder-wunsches erhob, den Minotauros zu besiegen. In den Großstadtgeschichten wird davon die Rede sein.

Das Jahr 1909 wird mit einem Gedicht beschlossen, das, wie Büchner das getan hatte, aus der Tradition des Volkslieds sprach. Doch diese Tradition, in den Gründerzeiten aufs Sentimentale herabgekommen, wird hier gleichzeitig zurückgewiesen, da sie noch Tröstungen kannte, die die historische Stunde nicht mehr hatte: *Es ist ein Schnitter, heißt der Tod, / Hat Gewalt vom großen Gott:* so hieß es einst, aber das *schöne Blümelein* am Ausgang dieses Einst ist, wie ein anderes Lied sagte, *verdorben, gestorben.*

Der Schnitter stampft das Gras mit schwerem Tritt,
Das welk wird unter seines Fußes Brand.
Und rauschend geht der weißen Sense Schnitt,
Die sengend frißt der hohen Halme Strand.
Zu Asche wird das Korn im Fallen schon,
Wie Seufzen klingt es, wenn es niederfällt.

Da fallen Gras und Korn, der rote Mohn,
In Schnitters Rücken ruht das tote Feld.

Der Schnitter aber mähet Schlag auf Schlag.
Es scheint, als drängte sich das Korn zum Tod.
Es heißt, zu Ende kommen, sinkt der Tag.
Wohl fällt das Korn, doch wird es nie zu Brot.

Ein prächtiger Schnitter! Seht, wie schlägt er zu.
Breitbeinig steht er in dem weichen Grund.
Die Sense schwingt er hoch dem Himmel zu.
Nun fährt sie sausend in der Halme Schwund.

...
(1.739)

Von einem Totensommer scheint hier die Rede zu sein, vielleicht hatte ein reales Bild aus diesem Sommer 1909, in dem er Tage in Ahlbeck an der Ostsee verbracht hatte, diesen Anblick der *weißen Sense* hervorgerufen, das *tote Feld,* die Phantasie vom *zum Ende kommenden, sinkenden Tag:* Bilder van Goghs aus der Crau bei Arles haben ähnliche schwefelkalte Farben.

Es ist aber auch der Sommer, der dem Zweiundzwanzigjährigen endlich die Ankündigung einer ersten Anerkennung bringt. Am 6. Juni schreibt er ins Tagebuch: »Ich war eben bei Maximilian Harden und habe ihm mein Drama (den ersten Akt des 'Feldzug in Sizilien') gegeben.« Vier Wochen später, am 7. Juli heißt es: »Eben erhalte ich von Harden die Antwort. Er hat die 'Ausfahrt' gelesen. Er findet darin viele Spuren schönen Talentes ... Sollte mein Stern aufgehen?« (3.127)

Ein halbes Jahr später überschickt Heym dem Begründer der 'Neuen Bühne', Wilhelm Simon Guttmann, sein Trauerspiel 'Die Hochzeit des Bartolomeo Ruggieri'. Er lernt Guttmann bald darauf kennen und wird durch ihn in den 'Neuen Club' eingeführt: »Im Hinterzimmer einer westlichen Gaststätte, im Nollendorf-Casino der Kleiststraße kann man an Mittwochabenden die jungen Emissäre des neoaristokratischen Geistes finden«: so hat Heinrich Eduard Jacob, der im Jahr darauf zum ersten Mal Gedichte Heyms einem größeren Publikum durch Abdruck bekanntmachte, die Stätte beschrieben (4.74), in der Heym bis zu seinem Tod mit einer kleinen Zeitgenossenschaft zusammen war, die zu ahnen begann, »daß sich hier eine ungewöhnlich starke dichterische Potenz anmeldete, die einfach nicht zu übersehen, zu überhören war« (4.14).

V. »Die schwarzen Halbinseln im flüchtigen Tag«

1. Lebensdaten 1910–1912

Ende März/Anfang April wird Georg Heym durch Wilhelm Simon Guttmann in den 'Neuen Club' eingeführt. Regelmäßiger Besuch der Mittwochabende im Nollendorf-Casino. Beginn der Freundschaft mit Robert Jentzsch, Erwin Loewenson, David Baumgardt. Anfang Mai: Immatrikulation an der Universität Jena; 1. Juni: Erster öffentlicher Vortragsabend des Neuen Clubs unter dem Titel Neopathetisches Cabaret. Heym ist zu Gast. Er liest am 6.7.1910 zum ersten Mal öffentlich im Neopathetischen Cabaret aus seinen Gedichten. Anfang August: Rückkehr aus Jena nach Berlin, Vorbereitung auf die erste juristische Staatsprüfung. 1.10.: Heinrich Eduard Jacob vermittelt die Erstpublikation von Gedichten ('Laubenkolonie' und 'Vorortbahnhof') in der Wochenschrift 'Herold'. Plan und Vorbereitung zur Aufführung des Dramas 'Atalanta oder die Angst', die sich über mehrere Monate hinziehen, scheitern. 30.11.: Ernst Rowohlt fordert nach der Lektüre des Gedichtes 'Beteerte Fässer ...' im 'Demokrat' Heym zur Einsendung von Manuskripten auf. Vorbereitung des ersten Gedichtbandes seit 4. Dezember. Im Januar 1911 besteht Heym die Erste juristische Staatsprüfung. Er wird im Februar dem Amtsgericht Berlin-Lichterfelde zum Vorbereitungsdienst zugewiesen. Entlassung nach knapp einem Vierteljahr wegen Vernichtung einer Grundbuchakte. Mitte Februar mietet er sich ein eigenes Zimmer in Wilmersdorf. Ab 20. Februar ständige Mitarbeit an Franz Pfemferts 'Aktion'. Ende Februar zerbricht der Neue Club. Kurt Hiller, Ernst Blass und Armin Wassermann gründen den 'Literarischen Club Gnu'. Ende März kehrt Heym in die elterliche Wohnung zurück. Er übersendet am 14. April an Rowohlt ein Novellenmanuskript. Am 20. April erhält er aus Leipzig das erste Exemplar seines Gedichtbandes 'Der ewige Tag'. Am 15. Mai findet ein ausschließlich Heym gewidmeter Abend des Neuen Clubs im Salon Cassirer statt. Heym lernt im Sommer Hildegard Krohn kennen, mit der er bis zu seinem Tod befreundet ist. Wahrscheinlich keiner anderen Freundin gegenüber hat er sich so rückhaltlos über seine Arbeit geäußert. (Hildegard Krohn, Opfer der nationalsozialistischen Judenverfolgungen, wurde in einem Konzentrationslager ermordet.) Heym reicht im Juni 1911 seine Dissertation bei der Universität Würzburg ein; sie wird – mit der Gewährung einer dreimonatigen Frist zur Überarbeitung – zurückgewiesen. Auf ein Gesuch hin wird er dem Amtsgericht Wusterhausen a.d. Dosse für zweieinhalb Monate zur Ableistung des restlichen juristischen Vorbereitungsdienstes zugeteilt. Ab 21.8. beurlaubt. Er hat nicht die Absicht, wieder in den Vorbereitungsdienst zurückzukehren (Berufsplan: Offizier oder Dragoman). Im September ersucht er um Zulassung zum Seminar für Orientalische Sprachen; man bietet ihm den Eintritt in die arabisch-marokkanische Klasse des Seminars zum 15. Oktober an. Im Oktober versucht Hermann Heym, für den Sohn eine Fahnenjunker-Stelle beim Feldartillerie-Regiment 72 zu erhalten. Im gleichen Monat Einsendung weiterer Novellenmanuskripte an Rowohlt. Ende November wird der Vertrag über den Novellenband 'Der Dieb' geschlossen. Das Buch erscheint erst im Frühjahr 1913 (es enthält die Novellen 'Der fünfte Oktober', 'Der Irre', 'Die Sektion', 'Jonathan', 'Das Schiff', 'Ein Nachmittg', 'Der Dieb'). Im Spätherbst 1911 wird Heym promoviert (offenbar von der Universität Rostock; Nachforschungen der Herausgeber der Gesamtausgabe waren erfolglos). S. Fischer lehnt am 18. Dezember die Publikation der Tragödie 'Der Feldzug in Sizilien' ab. Am 31. Dezember reist Heym nach München und Anfang Januar 1912 nach Metz, um sich dort beim Elsässischen Infanterie-Regiment zu bewerben. Am 16. Januar 1912 ertrinkt Georg Heym zwischen 15 und 16 Uhr beim Schlittschuhlaufen auf der Havel, zusammen mit seinem Freund Ernst Balcke. Man beerdigt ihn am 24.1. Anfang Juni erscheint die erste (von Freunden herausgegebene) Nachlaßveröffentlichung unter dem Titel 'Umbra vitae' (Verlag Ernst Rowohlt).

2. Der Neue Club

»In diesem unsicheren Berlin, seiner verbissenen Geldgier und zweifelhaften Lustigkeit, mußten rebellische Literaten verfahren wie die Urchristen im alten Rom: man war gezwungen, krypterisch Gott zu opfern. Die Öffentlichkeit lachte und spottete über sie, meist aber schwieg man. Diese Lage, verbunden mit einem leicht genialischen Aristrokratismus, bewirkte es, daß man sich in die verrauchten Hinterzimmer westlicher Cafés oder in mondäne Buchhandlungen zurückzog, um dort einem kleinen Publikum vorzulesen. Und doch lag keinem die tolpatschige Weltstadt mehr im Blut als uns Zwanzigjährigen. In unserem Innern erbauten wir sie mit steilen Rhythmen, tosenden Straßenecken, Abenteuern und Barrikaden. Während an ihren nüchternen Alltagshäusern kein Blick sich entzündete, belebten wir sie phantastisch durch abseitige Gefühle. Darin offenbart sich ja die neue Kunst: daß sie die empirische Wirklichkeit der geistigen unterwirft, allen Lärm und Schein der Erde den Ideen unterstellt, die nur unserem Willen entstammen ... Die Dichter hatten durch George und Rilke die Wunderhaftigkeit der Sprache erfahren. Doch anders als diese stürzten sie sich auf die Welt. Mit züngelnden Nerven und Leidenschaften. Man ver-dichtete die Erde bis zum konzentrierten Ich-Erlebnis; der Atem der Stadt kehrte zurück in die Seelen. So Jakob van Hoddis, ein lyrischer Futurist und rasender Beweger. Ihm verwandt: die tragischen Grotesken des (gefallenen) Alfred Lichtenstein. Georg Heym, der 24-jährig im Wannsee ertrank, läßt das Dasein in neuen Mythen des Grauens und Schreckens vorüberziehen.«

Dieser Text von Rudolf Kayser erschien 1918 (in *Das junge Deutschland*), er sprach, am Ende eines Krieges, der das Große Welttheater kaum fünfzehn Jahr später mit neuen Mythen nährte, von einer Zeit, die noch vor diesem Kriege lag, als habe sie ihre Zukunft gleichsam selbst aufgezehrt. Angesichts einer Vorkriegs-Welt, die ihre Ängste mit *zweifelhafter Lustigkeit* verschloß, trat bei den Wenigen eine andere Angst an den Tag: die Erfahrungsfähigkeit im *Lärm und Schein der Erde* überhaupt zu verlieren. Sehr einleuchtend beschreibt der Text, daß dieser Welt nicht durch Flucht zu entkommen, nur durch Mimesis zu begegnen sei. Die Bürgersöhne, die sich in diesen Clubs und Zeitschriften, sie nannten sich 'Der Sturm' oder 'Die Aktion', zusammenfanden, hatten Internalisierungen anderer Art längst eingeübt. Bei manchen von ihnen haben die Binnennormen, von väterlichen Instanzen an die Leine Pflichttreue und Befehlsgehorsam genommen, nie völlig zu wirken aufgehört: so wurden auch die Barrikaden gegen sie folgerichtig *in unserem Innern* aufgerichtet. War so neue Erfahrung möglich? War sie möglich im Zirkel junger Leute, die *die Erde bis zum konzentrierten Ich-Erlebnis verdichteten,* um ihrer denn im Binnenlande überhaupt noch ansichtig werden zu können? Was hatte es dann auf sich mit den *neuen Mythen des Grauens und Schreckens?* War es nicht vielmehr so, daß die alten – wohl verwahrten – Mythen ein zeitgenössisches Gesicht bekamen?

An Heyms Werk, das diesen Zusammenhang erkennt und zu Bildfeldern montiert, die das Immergleiche in wechselnden Beleuchtungen zeigen, ließe sich dem nachgehn: vom naturalistischen Anblick einer Großstadtszenerie, die der Blick selbst zu brechen beginnt, über die flackernden Lichteffekte, in deren Schein die Fiebernden, die Irren, die Krüppel und Selbstmörder mitnichten das befremdlich Exzessive sondern der ganz normale Irrwitz sind: mit dem *Tier aus der Tiefe* war das Jahr zuvor metaphorisch umschrieben. Endlich werden die Metaphern selbst Person und Umwelt, die schönen Gegenstände sind nicht mehr sie selbst, sie sind von ihren Metaphern aufgezehrt. Jenseits dieser Einsicht, die im Angesicht der altgewordenen Kinderängste den neuen Ängsten, keiner Erfahrung mehr mächtig zu werden, mit der Annahme ihrer Züge begegnet, wird in Bildern von wahrhaft herzbeklemmender Schwermut der Weg zum Ursprung angetreten, der das Ziel aller Hoffnungslosigkeit gewesen ist.

Am Beginn dieses kaum fünfundzwanzig Monate währenden Weges steht die kleine Öffentlichkeit, die, von Wenigen ausgehend, noch einmal in räsonnierenden Zirkeln hergestellt, an eine Vergangenheit erinnern wollte, die von der Institution des literarischen Marktes, einer »Sphäre der öffentlichen Gewalt« (Habermas, 31), längst zerstört war.

Durch eine Annonce aufmerksam gemacht, überschickt Heym im Februar 1910 an die von Wilhelm Simon Guttmann gegründete 'Neue Bühne' sein Trauerspiel 'Die Hochzeit des Bartolomeo Ruggieri'. Man nimmt die Arbeit zwar nicht an, führt den Dreiundzwanzigjährigen aber um die Monatswende März/April in den 'Neuen Club' ein, eine »kleinere Gruppe enthusiastisch debattierender und unermüdlich nach neuen Wegen suchender junger Menschen«, wie Gunter Martens in seinem umfassenden Artikel (4.390–401) über Georg Heym und den Neuen Club schreibt, dem die hier folgenden Darlegungen verpflichtet sind.

Unter den zahlreichen literarischen Gruppen gehörte der 'Neue Club' zu den frühesten Erscheinunen dieser Art. Seine Veranstaltungen, für die öffentlich geworben wurde, boten die Möglichkeit, über den Zirkel hinaus die dort geförderte »nichtdekadente Kunstauffassung« zu verbreiten. Im Frühjahr 1910 beschloß man, unter dem Titel 'Neopathetisches Cabaret' regelmäßig öffentliche Veranstaltungen abzuhalten. Am ersten Abend, dem 1. Juni, ist Heym als Gast zugegen, am 6. Juli liest er zum ersten Mal selbst. Auf keiner der Veranstaltungen hat er künftig gefehlt, und von den Zeugnissen dieser Lesungen sind vielleicht die folgenden wichtiger als jene der institutionalisierten Öffentlichkeit, die über das Verständnis, es handle sich bei den jungen Dichtern ausnahmslos um *Jünger der Neuropathologie,* die *Bierzeitungs-Poesie* oder *Herrenabend-Kunst* zu Gehör brächten, begreiflicherweise kaum hinausgekommen sind. Ernst Blass und Alfred Wolfenstein hörten es anders: »Heym las seine Gedichte mit einer ziemlich monotonen Rauhheit hinunter, jede Woche neue, und immer erstaunlicher überwuchs uns seine tiefe Fülle und seine brausende Musik ... Sein inniger Kontakt mit Worten, Farben, Bildern ließen uns an ihm jenes Urphänomen des dichterischen Ausdrukkes ... in der Nähe erleben.« (Blass, 4.176) Oder Wolfenstein: »In polternden Kolonnen zogen die Verse vorbei, ein Marsch monotoner Monologe, jede Zeile eine lebende Reihe für sich. Über der Erde dieser Dichtung, über der von dämonischem Elend wimmelnden Erde lag der sinkende Himmel der Zeit. Es war der vom Ausbruch des Krakatao noch glutrot gefärbte Himmel der Dämmerung von 1911.« (4.180)

Das vom halben Schein der Lampe über dem kleinen Lesepult erhellte Gesicht sah das andere: »Ich weiß, plötzlich schien es mir, als sähen mich aus dem Dunkel des Saals lauter Tiere an und die Ochsen saßen ganz vorn und blökten mich an.« (3.139) Einen Tag nach der ersten Lesung ins Tagebuch geschrieben, und was dem folgte, sollte doch aufgehoben sein, nicht damit ein »verfluchter Preßbandit« (4.604) dem Gedächtnis bewahrt bleibe – zumal er den Weg in sein Vergessen schon selbst mit seinem Namenskürzel vorgezeichnet hatte –, sondern um zu zeigen, daß ein »dümmlich geritzter Name im Marmor« (wie Hans Wollschläger das einmal nannte) eben nicht allein ein närrisches Gekrakel hinterläßt: »Am 6. Juli 1910, im Herzen der Stadt, im Papierhaus Dessauer Straße, soll Heym zum erstenmal vor die Welt treten. Alle Zeitungen sind geladen. Der kleine, siedende Saal (doch freilich nicht um seinetwillen) ist dreimal überfüllt ... Der große Magnet des Abends, Tilla Durieux, betritt das Podium und beginnt vor Atemberaubten aus Wedekinds neuem Manuskript 'Schloß Wetterstein' eine Lustmordszene vorzulesen. Entsetzen und Beifall, als sie abtritt. Pause. Viele gehen, viele bleiben und hören noch, wie jetzt Heym seine Gedichte herunterpoltert – endlos –, als ob er mit Kegelkugeln würfe, die er von unsichtbaren Händen immer wieder zurückbekommt ... Am Tage darauf fügte es sich, daß ich mit Heym durch den Tiergarten ging. Wir kauften eine Zeitung. Er las. Sein Gesicht verzerrte sich. Der Rezensent hatte viele Verbeugungen gegen Frau Durieux exekutiert – um ihres Anschlusses an die Jugend willen. Diese Jugend selbst wurde mit jenem öligen Wohlwollen behandelt, das mir sogleich unangenehmer erschien als eine ehrliche Ablehnung. Wir alle waren genannt – nur Heym zunächst nicht. Es war lediglich von einem jungen Mann die Rede, der unmögliche Verse wie eine geborstene Trompete in ausdruckslosem Stakkato heruntergeplärrt habe. Und dann hieß es weiter: 'Ich habe ihm hoch und heilig versprechen müssen, seinen Namen zu nennen. Er heißt Georg Heym.' (Der kindliche Riese war offenbar in der Pause an den Journalisten herangetreten und hatte, gut Freund mit jedem, diese Unvorsichtigkeit begangen.) In einem Alter, wo schon der eigene Name, wenn wir ihm gedruckt begegnen, uns mimosenhaft erzittern macht, sind solche Dinge von traumatischer Wucht. Er saß kraftlos auf einer Bank, die großen Schultern nach vorne gezogen, den mächtigen Brustkasten zusammengedrückt, als wolle er von dieser Welt nichts mehr einatmen. Er klagte nicht. Er fluchte auch nicht. Er war ganz in sich selbst zurückgesunken, müde aus Ekel, ratlos, wohin mit sich, nach der Beschmutzung. Lange saß er so, keinem Trost zugänglich. Niemals wieder habe ich an einem Menschen solchen Grad von Aufhören des äußeren Lebens gespürt. Herz und Blut gingen nur noch wie unterirdisches Wasser – droben war er zu Borke und Baum geworden.« (4.76 f.) Heinrich Eduard Jacob, Mitarbeiter des 'Herold', der als erster zwei Gedichte Heyms veröffentlicht hatte, schrieb dies zehn Jahre nach Heyms Tod: Vielleicht ist er nicht nur einer der verschwindend Wenigen gewesen, die hinter dieses *zu Borke und Baum* gewordene Leben geblickt haben, sondern auch einer, der wußte, warum das, was dieses Leben hervorgebracht hat, so und nicht anders lauten konnte: die Maske war für einen Moment verschwunden.

3. Großstadtlyrik

Einem Sachwörterbuch der Literatur zufolge, 1960 in dritter Auflage herausgebracht, ist es mit dem Sonett folgendermaßen bestellt: seine »Quartette dienen der Exposition in der Aufzählung von Gleichartigem oder Darstellung von Gegensätzen, die in den Terzetten zu reinem Ebenmaß vereinigt, konzentriert und zum mächtig entscheidenden Schlußausklang geführt werden. Dabei reicht die Variation des Zwiespaltes von der intellektuellen Epigrammatik der Pointe bis zur Summe der persönlichen Tragik, Leidenschaft und Sehnsucht, deren treibende Bewegung in der formalen Gebundenheit aufgefangen, gebändigt, geläutert und vergeistigt wird.«
Unter dem Titel 'Abende im Vorfrühling I' entsteht im Januar 1910 das folgende Sonett:

> Dem Bettler stahlen Kinder seine Krücken.
> Nun sitzt er schimpfend am Laternenpfahl.

Den Blick lockt an ein großes rotes Mal,
Das wuchernd zieht vom Halse zu dem Rücken.

Am Neubau hämmert in den harten Stahl
Ein Mann seit Stunden, daß er birst zu Stücken.
Ein Pärchen füttert Schwäne von den Brücken,
Um sich versammelnd ihre kleine Zahl.

Im Uferwalde brennt in gelbem Schein
Der Abendhimmel. Wolken ziehn zu paar
Darüber hin. Ihm wird der Glanz genommen.

Doch glänzt im ros'gen Blau der Edelstein
Des Abendsternes, einsam, rein und klar.
Er brennt zu hell. Zu Nacht wird Regen kommen.
(1.8)

Mit der *Summe der persönlichen Tragik, Leidenschaft und Sehnsucht* ist die Weltsicht, die sich hier den Blick in ein vorstädtisches Spätnachmittagsidyll gestattet, nicht zu fassen. Es ist ein voyeuristischer Blick, angelockt von einem Geschwür des von Kindern malträtierten Bettlers, ein gleichgültiger Blick, der die Szene mit dem Schwäne fütternden Pärchen konterkariert, das den Bettler und sein Geschick offenbar ebenso 'übersieht' wie der Beobachtende; ein Blick, der nicht den goldenen, sondern den *gelben* Schein des Abendhimmels trifft (dem überdies noch ironsich ein *Glanz* genommen wird, den ein schwefelfarbener Abendhimmel im Gegensatz zum goldenen nicht hat). Zu allem Überfluß, als ob der Forderung nach *Läuterung* und *Vergeistigung* nachgekommen werden sollte, wird der *Edelstein des Abendsternes einsam, rein und klar ins ros'ge Blau* versetzt, allerdings von der meteorologischen Folgerung begleitet, er brenne zu hell und kündige mithin Regen an, der sich im gelben Abendhimmel angezeigt hatte.
Es wird also an eine Tradition geknüpft, ihre Muster werden schulmäßig befolgt, was diese Muster aber vermitteln sollen – und vor allem bei Stefan George noch vermitteln – wird von innen, durch Wortwahl, Montage und Zuordnung zerstört. Die Vermutung, hier sei bezeugt, daß etwas faul in der Provinz der Dichter geworden sei, ist förderlich, aber nicht sehr weitreichend. Denn in einem bestimmten Punkt bleibt die innere Form dieses Vorfrühlings-Sonetts erhalten: es ist ganz naturalistisch in der Auffassung, jedes Ding hat seinen Namen, man hat also einen Anblick von Realität vor Augen, der durch die Form seines Zusammenhangs eine andere Wirklichkeit her-

stellt. Und da von Traditionen gerade die Rede ist, wäre wohl ein Wort über die jambische Versform noch am Platz, die Heym bevorzugt verwendet hat und erst spät eine *Lüge* schalt: »Merkwürdig«, hat Walther Killy einmal gesagt, »daß die bedeutendsten dieser Dichter behutsamer mit dem Überlieferten umgingen als eine Vielzahl ihrer Weggenossen. Heyms Gedichte sind äußerlich kunstlos, simple Vierheber ... Sie sind so, um die Wahrträume in erträglichen Grenzen zu halten, die hier zur Sprache kommen. Sie entbinden die untere Traumwelt, die nur in wenigen Kunstperioden so unterdrückt gewesen ist wie in der nachromantisch-bürgerlichen Epoche der deutschen Literatur.« (Killy II, XVI) Solches Bewahren des Überlieferten wird also sinnfällig an seinem Zweck: Unbewußt muß es im Festhalten an ehrwürdigen Formen auch als Rettung empfunden worden sein. Der Sprengsatz des Mitgeteilten konnte mit dem Haus der Väter auch das eigene in die Luft jagen. Das späte Urteil von der *verlogenen* jambischen Form ging eher auf die Einsicht zurück, daß in ihr – auch – eine herrschaftliche Instanz sich repräsentierte.

4. Revolutionsgedichte

Im Juni 1910 entsteht in rascher Folge eine Gruppe von vier Sonetten, die unvermittelt zwischen Natur- und Stadtgedichten stehen, von jenen abgehoben weniger im Tonfall als durch das verarbeitete historische Thema. Ihre Titel: Bastille, Louis Capet (wie die Revolutionäre Ludwig XVI. nannten), Danton, Robespierre. Die Kurve der hier zusammengestellten Schlußterzette ist mit zwei Sätzen von Heiner Müller nachgeschrieben worden: »Der Tod ist die Maske der Revolution. Die Revolution ist die Maske des Todes.« ('Der Auftrag'.) Sie lauten:

Mit einem Wutschrei ist Paris erwacht.
Mit Beil und Knüttel wird der Turm berannt.
Die Salven rollen in die Straßenschlacht.
(Bastille, 1.86)

Er weint vor Wut. 'Ist keine Rettung mehr?'
Des Halstuchs rote Seide wird ihm sacht
Von Tränen schwarz. Die Augen werden leer.
(Danton, 1.88)

Man schleift ihn schnell herauf. Er wird gestreckt.
Der Kopf liegt auf dem Block. Das Fallbeil saust.

Blut speit sein Hals, der fest im Loche steckt.
(Louis Capet, 1.87)

Die aschengraue Stirn wird schweißbetaut.
Der Mund verzerrt sich furchtbar im Gesicht.
Man harrt des Schreis. Doch hört man keinen Laut.
(Robespierre, 1.90)

Äußerlich kunstlos, simpel: ein schärferer Kontrast zwischen dem, was hier mitgeteilt und wie es formal bewältigt wird (der *furchtbar* im Gesicht verzerrte Mund ist eine drittrangige Bildfassung, ebenso wie die in der Straßenschlacht *rollenden* Salven), läßt sich kaum denken; aber wenn sich Kunst allein schon darin ausdrückt, daß »das Material kaltgehalten werden« muß, wie Benn einmal gesagt hat (Benn; 4.51), der enorme innere Druck dieses Materials (hier: einer historischen Evokation) allein durch formelhafte Beschreibung beherrschbar bleibt: dann sind diese vier Sonette große Kunstleistungen. Worum es ging, machen die Terzette klar: Weder die Frage nach der historischen Lage zwischen 1789 und 1794, noch die Feststellung, daß die Revolution ihre Kinder fresse, konnte von der *entsetzlichen Gleichheit* ablenken, von dem Schlimmeren: *keinen Schrei mehr für den Schmerz, kein Jauchzen mehr für die Freude* zu haben (wie Büchner das siebenundsiebzig Jahre zuvor bei der Niederschrift von 'Dantons Tod' Briefen anvertraut hatte). Es ist der Abgrund zwischen Straßenschlacht und *leeren Augen;* zwischen dem *blutspeienden Hals,* den im seidenen Halstuch schwarz gewordenen Tränen und einer Menge, die mit kaum unterdrückter Gier *des Schreis harrt.* Der es schrieb, war in diesen Wochen »von dem grauen Elend zerfressen, als wäre ich ein Tropfstein ... zerblasen wie ein taubes Ei, ein alter Lumpen, den die Maden und die Motten fressen.« (3.138) Geschrieben am Tag seiner ersten öffentlichen Lesung.
Verdorrte Borke und Baum: Was dem Freund Heinrich Eduard Jacob vom kommenden Abend über Jahrzehnte im Gedächtnis geblieben ist, die Außenfront der inneren Erstarrung, ist im Licht eines fatalen Moments sichtbar geworden. Aus ihrer Schwärze begannen nun Gedichte hervorzukommen, die mit dem Begriff Großstadtlyrik nur die Schicht zeigen, an der ihre Gegenstände sich beschreiben, im Grunde nur ins Auge sich nehmen lassen. 'Die Vorstadt', im September 1910 geschrieben, zeigt vor allem andern den Abgrund, der zwischen ihr und ihrem Frühling – acht Monate zuvor – sich aufgetan hat. Sehr anders ergeht es nun hier dem lyrischen Material:

In ihrem Viertel, in dem Gassenkot,
Wo sich der große Mond durch Dünste drängt,
Und sinkend an dem niedern Himmel hängt,
Ein ungeheurer Schädel, weiß und tot,

Da sitzen sie die warme Sommernacht
Vor ihren Höhlen schwarzer Unterwelt,
Im Lumpenzeuge, das vor Staub zerfällt
Und aufgeblähte Leiber sehen macht.

Hier klafft ein Maul, das zahnlos auf sich reißt.
Hier hebt sich zweier Arme schwarzer Stumpf.
Ein Irrer lallt die hohlen Lieder dumpf,
Wo hockt ein Greis, des Schädel Aussatz weißt.

Es spielen Kinder, denen früh man brach
Die Gliederchen. Sie springen an den Krücken
Wie Flöhe weit und humpeln voll Entzücken
Um einen Pfennig einem Fremden nach.

...
(1.133)

Der *Fremde,* vor unvordenklichen Zeiten einmal das lyrische Ich geheißen, beobachtet in einer warmen Sommernacht die Hungergestalten der Heruntergekommenen; Bettler, Irre, Kinder, *denen früh man brach die Gliederchen* – aber schon die Feststellung, die ausdrücklich auf einen Begründungszusammenhang verzichtet, verweist darauf, daß es die Darstellung eines Zustandes nicht auf Fragen nach ihm, ganz und gar nicht auf Anteilnahme abgesehen hat. Mit Mustern, die bei Zille oder Kollwitz erborgt wären, läßt sich die nachtschwarze Kälte dieser *warmen Sommernacht* nicht erhellen: kein Fall für die Sozialkritik. Um so schwieriger wird das, je schärfer man die Bilder ins Auge faßt, die doch offenkundig auf einen erlebten Eindruck zurückgehen. Selbst dort, wo sie etwas verkantet erscheinen, der Mond sich *durch Dünste drängt,* obwohl ja sie vor ihm dahinfahren, auch *sinkend an dem niedern Himmel hängt,* obwohl die Jahreszeit seinen Untergang zu vormitternächtlicher Stunde noch nicht bestimmt, wäre 'lyrische Überhöhung' eines Vorgangs als Deutung immer noch am Platz. Aber so ist es ja nicht. In dieser ohnehin so naturalistisch gezeichneten Schauerwelt (auf die jene Öffentlichkeit des Neopathetischen Cabarets dann *blökend* reagieren wird) werden die Subquanten des normalen Wahnsinns vorgeführt, und es ist eine ganz und gar farb*lose* Welt zur Erscheinung gekommen: *weiß* beleuchtet, wohin das Licht fällt, alles andere steht *schwarz* und tot dahinter. Wohl wirken diese Bildsequenzen wie aus archaischen Welten kommend – und es mag sein, daß sie auch so erscheinen sollen –, aber das schlösse sie doch einer Geschichte an, die ihnen hier ausdrücklich verweigert wird: Die Kinder, denen man *früh die Gliederchen brach,* müßten dann zum Sprechen gebracht werden; und auch der *Pfennig,* um den sie *voll Entzücken* dem Fremden wie Flöhe nachhumpeln, wird diese Geschichte nicht aus ihnen herauskaufen. Denn sie sind – farb- und gesichtslos – das, was in diesem Gedicht festgehalten ist: Objekte eines unbegriffenen historischen Augenblicks. Das Bild ist, noch in den scheinbaren Bewegungen des Mondlaufs, noch im Hüpfen der verkrüppelten Kinder, erstarrt. Seine Zukunft ist seine Vergangenheit, eine unaufgehobene Gegenwart: eine Geschichte, in der sich nichts mehr rührt.

Solche Gedichte konnten vermuten lassen, das andere Leben, der »elend-gemein-hundsföttische Juristendreck« (3.145) sei weggebrochen im Blick auf diese Gesichter: aber was da noch immer – freilich auf dem Grund härter werdender Einsichten – aus den frühen Einsamkeitstopoi heraustritt (in denen das Ich unaufhaltsamer zu verschwinden beginnt), hat sehr reale Unterlagen. Ende April 1910 ist er mit Rudolf Balcke nach Jena gegangen in der Absicht, dort zwei Semester zu studieren, mit den befreundeten Brüdern reist er im Mai in den Thüringer Wald: »Vom Grund der Schlucht steigt auf des Ginsters Wand, / Ein goldnes Meer, von leichtem Wind bewegt, / Zum Kamm der Hügel, wo der weite Rand / Das ungeheure Blau des Himmels trägt.« (1.74)

Anfang Mai erfolgt die Immatrikulation in Jena. Im August dann bereitet er sich, zurück in Berlin, auf die Erste juristische Staatsprüfung vor. Die Hausarbeit trägt den Titel 'Die Reform der Städteordnung durch den Freiherrn vom Stein 1808', und man darf davon ausgehen, daß sich dem Gegenstand, der sich der Selbstverwaltung der Kommunen zuwandte, politisch hätte einiges abgewinnen lassen (im Blick auf einen Mann, der revolutionäre Innovationen ablehnte), juristisch wenig in einer staatlichen Landschaft, die den Konsens nach unten nicht für notwendig hielt: »Mit welcher Frechheit der verlauste preußische Staat mir eine juristische Arbeit gegeben hat, ist nicht zu sagen« (3.144): der Wutanfall wurde, wie andere auch, nur dem Tagebuch anvertraut. Die Rebellion spielte sich nicht in einer Zone ab, die dem *zoon politikon* mehr als den Affekt gegen die »Scheiß-Zaunkönige der Wissenschaft« abverlangt hätte (3.145). Für ihn war das nichts als »Quälerei, Elend, die dichterischen Bilder rauchen mir aus den Ohren heraus, statt, daß ich sie zu Papier bringe« (3.154). Abgesehen davon, daß es so erzeugten Bildern nicht dienlich ist, unkontrolliert das Papier zu erreichen – die immer dichter und erbarmungsloser werdende Produktion spricht gegen diese affektiv geäußerte Verzweiflung.

5. Der verfehlte Atheismus

Schwerer wöge dann imer noch die Gewalt der internalisierten Herrschaftsinstanzen, von denen in einem Brief des Referendars an die Freundin Hildegard Krohn (vom 14. Juli 1911) die Rede ist: »Gestern war ich auf dem Kammergericht, wo ich einem Schwein von Kammergerichtsrat ... meinen Wunsch demütig vorbetete, daß ich vom 10.8. bis 1.10. in einem kleinen Gericht beschäftigt werden wollte. Wenn ich in so ein Gerichtsgebäude trete, habe ich immer ein schreckliches Gefühl meiner menschlichen Niedrigkeit und Unwürdigkeit. Die ganze Atmosphäre eines Gerichts hat etwas so Großartiges und Majestätisches, daß ich mir immer schrecklich deplaziert vorkomme ... Es ist, als wenn der Gott der Justiz, den ich mir wie einen alten Kammergerichtspräsidenten denke, seine Diener mit einem Teil seiner Göttlichkeit bekleidet hätte.« (4.510)

Diese Szene erinnert an erzählerische Konstellationen bei Franz Kafka: geduldige Ergebenheit am Ende trotz des *Schweins von Kammergerichtsrat,* sklavische Furchtsamkeit, der bei Kafka die Erleichterung gefolgt wäre, mit der dem Henker der Hals dargeboten wird. Doch etwas ist anders. Bei Kafka tritt eine dem erzählenden Ich nicht bewußte, tief verborgene Gewalttätigkeit an den Tag – als Projektion auf eine ungreifbare Macht. An Kafkas erzählenden Texten wird deutlich, daß die Macht der eigenen Grausamkeit nur durch Übertragung auf äußere – und deshalb 'ungreifbare' – Mächte sich ertragen läßt.

So ähnlich der Brieftext Heyms dieser zwanghaften Konstellation auch sein mag: er nimmt doch eine andere, eine von diesen Zwängen erlösende Richtung. Heym hat die Kraft seiner Gewalttätigkeit erkannt: im Tagebuch zertritt er nicht nur dem »Immanuel Jeibel, poeta« den »Schädel« (3.124) – auch seine Lyrik ist eine offene Abfuhrleistung. Wenn das Vokabular seines Briefes an die Freundin auch alle aggressiven patriarchalischen Instanzen zitiert, so gewinnen sie doch selbst vor der *menschlichen Niedrigkeit und Unwürdigkeit* keine bedrückende Kraft mehr: das *Großartige und Majestätische* wird

zu etwas wie einem historischen Vexierbild; der *Gott der Justiz,* der seine Diener mit einem Teil seiner Göttlichkeit bekleidet, gerät zur Karikatur. Humor, der nach Freud ersparter Schmerz ist ('Der Witz und seine Beziehung zum Unbewußten'), erlöst noch im Vergleich des Gottes mit *einem alten Kammergerichtspräsidenten* in einem spöttischen, tertianerhaften Aufbegehren von dieser quälenden Gerichts-Atmosphäre – ebenso wie die Fäkalsprache im Tagebuch das leistet, die sich mit einer fast liebevollen Wut der »Arsch-Scheiß-Lause-Sau-Juristerei« zuwendet (3.152 und passim). Kafkas Abwehrkampf dagegen wird am Ende noch von den Mächten aufgesaugt, die seine Projektionen zu unersteigbaren Festungen gemacht haben.
Von hier ausgehend, ließe sich auch Heyms (gänzlich folgenloser) Atheismus beschreiben, der den extramundanen Gott in seinem Himmel beließ, das *blutige Gespenst, den Einsamen Nachtwanderer, den alten Narren im Flitterstand.* Zur aufgeklärten Indolenz gegenüber *der Himmel Trauerspiel* ist er nicht gelangt; dafür hatten sich die Majestäten zu tief in ihn eingegraben; zu gedenken wäre aber immerhin einer Tapferkeit, die von sich sagen konnte (im Februar 1911):

> Ich bin doch besser daran, als du, alter Tyrann.
> Ich kann sterben. Ich geh in der Schatten Tal
> Im Triumph. Ich schlafe bei Lethe. Du, armseliger Mann
> Bist ewig. Und ewig währt deine grause Qual.
> (1.18)

Ob er den kleinen, ärmlichen Vater, der seine verinnerlichte Dienstleistungszeit im Wilhelminischen Reich schließlich in Nervenkliniken verdämmerte, trotz aller Oppressionen, die dieser ihm zugefügt haben mochte, immer mit diesem Tyrannan meinte, bleibt ungewiß. Bezeugt ist, daß er auch auf eine abgründige Weise an jenem im *religiösen Wahnsinn* zerbrochenen Mann gehangen hat. Festzuhalten ist, daß das Drama 'Grifone', dessen Niederschrift ihn drei Jahre beschäftigt hat, eine Monolog-Passage enthält, deren sprachliche Kraft zeigen könnte, wie mächtig die Anstrengung gewesen ist, dieses Vaterbild abzuschütteln: »Dann müßt man dich aus deinem Himmel zerren, / An deinem Königsmantel auf das Horn / Des Monds dich knüpfend, wie an Galgens Haupt. / Von deinem Schreien taute manches Herz, / Das du verdorrt hast und mit Eis bezogen. / Und wenn dein Todsschrei bis zum Sirius gellt, / Ich wette drauf, ein großes Freudenjauchzen / Lief wie ein Sturm durch die befreite Welt. / Ach, Hund du! Ach, ich möcht dich einmal kennenlernen. / Ich möchte einst in deinen Himmel kommen. / Vielleicht bist du nur eine große

Blase, / Die in sich allen Unrat der Natur / Gezogen hat mit den Magnetenkräften. / Du rollst im Himmel ewig hin und her / Vom blinden Schicksal wie die Kinderkugeln / Herumgewälzt. Und wo du Böses witterst / Da stockst vor Freude du und lockst es an. / Und wem du grade hin zu Häupten rollst, / Auf den entlädst du deine Pestilenz.« (2.782)
Einfacher wäre es, gerade den *religiösen Wahn* des Vaters als das Verbindungsstück zu der Stelle zu erkennen, an der jener am empfindlichsten zu treffen war. Daß man sich über die *ewigen Werte* noch kurz vor dem Ende des Sohnes einig geworden sei, mag der alte Heym selbst dann nicht ohne Not der Nachwelt versichert haben, wenn er sich einen Einblick in die Hinterlassenschaft des Toten (wie Freunde bezeugt haben) erspart hat. Wohl möglich wäre die andere Frage, wie viele Ambivalenzkonflikte zwischen Vätern und Söhnen diese gehindert haben, zu konsequenten Atheisten zu werden? Denn mit Kränkungen und Bestrafungsphantasien werden Realitäten nicht zum Verschwinden gebracht. Auch bei Georg Heym blieb es der hoffnungslose Sturm gegen eine Festung, die auch mit gellender Wut nicht zu schleifen war. »Nun hat Gott wieder eine gute Nacht gehabt, denn er hat auf 1000 Tränen geschlafen.« (3.141) Unmöglich ist es, anzunehmen, daß dem Sohn unbekannt geblieben ist, warum Hermann Heym für ein Jahr in ein Sanatorium geschickt werden mußte: eine auf den Totschlag eingerichtete Justiz mußte ihren Staatsanwälten die Pflicht abzwingen, den Hinrichtungen beizuwohnen, die sie verhängt hatten, das pathologische Syndrom dieses Zusammenhangs bedarf keiner Erklärung. Unmöglich mithin, daß dieser Sohn, dem die Staatsmänner seiner Zeit nichts als »Spucknapfhalter« (3.139) gewesen sind, den Begründungszusammenhang für eine psychische Niederlage nicht erkannte, der er selbst – dem Vater hierin überlegen – entkommen ist. Die Schießscharten der Festung waren für den, der sie von außen sah, die Einschläge, die sie getroffen hatten.

6. *'Der ewige Tag'*

Am 23. November 1910 erscheint das folgende Sonett in der Zeitschrift 'Demokrat' (Nr. 48):

Berlin II

Beteerte Fässer rollten von den Schwellen
Der dunklen Speicher auf die hohen Kähne.

Die Schlepper zogen an. Des Rauches Mähne
Hing rußig nieder auf die öligen Wellen.

Zwei Dampfer kamen mit Musikkapellen.
Den Schornstein kappten sie am Brückenbogen.
Rauch, Ruß, Gestank lag auf den schmutzigen Wogen
Der Gerbereien mit den braunen Fellen.

In allen Brücken, drunter uns die Zille
Hindurchgebracht, ertönten die Signale
Gleichwie in Trommeln wachsend in der Stille.

Wir ließen los und trieben im Kanale
An Gärten langsam hin. In dem Idylle
Sahn wir der Riesenschlote Nachtfanale.
(1.58)

Am 30. November 1910 verläßt der folgende Brief Leipzig: »Sehr geehrter Herr! Durch Ihr Sonett in No. 48. des Demokrats auf Sie aufmerksam gemacht erlaube ich mir ganz ergebenst bei Ihnen anzufragen, ob Sie mir nicht ein Manuskript zum Verlag unterbreiten möchten, sei es nun Lyrik oder Prosa. Ich würde einer solchen Sendung mit großem Interesse entgegensehen und hoffe, daß Sie recht bald meinen Wunsch erfüllen können. Einstweilen zeichne ich mit vorzüglicher Hochachtung ganz ergebenst! Ernst Rowohlt«.
Rowohlt, dreiundzwanzigjährig wie Heym, hatte diesen Brief an die Adresse der 'Aktion' in Berlin geschickt. Am 4. Dezember schreibt Heym zurück: »Sehr geehrter Herr Rowohlt. Mir ließ heute Herr Pfemfert Ihren Brief zugehen. Ich bin sehr gern bereit, mit Ihnen in Beziehung zu treten. Es käme in Betracht ein Band Gedichte, die von einer Reihe unabhängiger Beurteiler als revolutionär in der deutschen Litteratur bezeichnet werden. Ferner ein kleines Trauerspiel: Atalanta, um dessen Aufführung in den Kammerspielen meine Freunde sich zur Zeit bemühen ... Meine Prosa ist für die Öffentlichkeit nicht geeignet, da sie sich fast nur mit dem Problem der Erotik beschäftigt ... Ihr sehr ergebener Georg Heym cand.iur.«
Fünf Monate später, am 20. April 1911, hat Heym das erste Belegexemplar des einzigen zu seinen Lebzeiten erschienenen Buches in der Hand: 'Der ewige Tag'. Korrekturgang, Ergänzungen, Unsicherheit in der Frage des Titels hatten das Erscheinen des schmalen Bandes verzögert. Er enthält über vierzig Gedichte, jene Gruppe, die man der sogenannten Großstadtlyrik zuordnen kann, Naturgedichte und – gleichsam »erstarrt von ihrer Furchtbarkeit, ganz der gegen-

ständlichen Gewalt seiner Bilder hingegeben« (wie Ernst Stadler schreiben wird) – jene Strophen zwischen Deformation von Natur und natürlicher Deformation; etwa diese: »Sie beißen auf die Nägel ihrer Hand. / Die Falten ihrer Stirn, die rötlich glüht, / Sind wie ein graugefurchtes Ackerland, / Auf dem des Todes großes Frührot blüht.« (Das Fieberspital; 1.166)
Der Zug des Humanen ist in den Überstrahlungen von Kälte und »unbewegter Form« (Stadler) erloschen, gesicht- und stimmlos geworden: *kein Schrei mehr für den Schmerz.* Tages- und Jahreszeitengedichte treten dazwischen, sie erscheinen wie Mythogramme in diesem »Chaos von Rhythmen und Bildern« (wie Trakl von den seinen einmal sagte): »Die Faune treten aus den Wäldern alle, / Des Herbstes Chor. Ein ungeheurer Kranz./Die Hände haltend, springen sie zum Schalle / Der Widderhörner froh zu Tal und Tanz.« Aber es ist auch kein *Jauchzen für die Freude* mehr, denn dieses korybantische Treiben zitiert nicht die Antike der heiteren Griechen herbei, es wird im Lichte des Feldes, in das es da hineingeraten wird, zur Fratze »in dem Ende eines Welttages« (2.173). Das Gesicht des Menschlichen wird von Metaphern unkenntlich gemacht, die es selbst nicht mehr, sondern allein die Mächte der Zerstörung benennen: »Die Larve einer toten Ewigkeit / Hat sein Gesicht mit Leere übereist. / Dürr, wie ein Wald, durch den ein Feuer reist. / Wie trüber Staub umflackert es die Zeit.« (Der fliegende Holländer; 1.201)
Die meisten der im 'Ewigen Tag' versammelten Gedichte sind 1910 entstanden, viele von ihnen erst, als der Band bereits im Satz war – und es ist kein Zufall, daß gerade in ihnen, vor allem anderen in den sogenannten Großstadtgedichten, ein Ton sich zu Wort meldet, unter dem der naturalistische Anfang und Anlaß für die Publikation des Buches verschwindet. In dem Augenblick, da sein Autor unter den Vertrag einer Öffentlichkeit gekommen ist, die über den Kreis der Freunde hinausgeht, beginnt er, verhüllt und düster, von sich selbst zu sprechen.
Erinnert wird die Gewalttat, die dem Dreizehnjährigen mit einem Anblick angetan worden war: die Stadt, die ihn »wie ein Riese in der Nacht« (1.320) empfangen hatte. Und es scheint, als habe er zehn Jahre später erst die Souveränität und Kraft gefunden, auf den ungestillten Schmerz in gewaltigen Metaphern zu antworten, in deren Wut und Zerstörungssucht das Weinen des Kindes zu hören ist. In seinem Nachlaß findet man unter den drei großen Ansätzen, die heute unter dem Titel 'Verfluchung der Städte' zu lesen sind, die folgende Strophe:

Wie mitternächtige Bühnen, schwarz zerrissen
Vom Mondenstrahl, der durch die Wolken bricht,
So weichen ihre eisernen Kulissen
Endlos hinaus, getaucht in fahles Licht.
(1.220)

Kaum schärfer ließe das Urbild sich zusammenfassen. So ist die Stadt ihm erschienen, und sie wird in die Nacht, in die Dunkelheit gesetzt (an diese Folge ließen die Schwärze und der Tod sich reihen), damit an diesem Bild hervorgehoben werde, in welchen Augenblicken die Kinderängste unüberwindlich geworden sind: wenn die Riesen in der Nacht erscheinen. Die 'Verfluchung der Städte' entstand im Februar 1911. Im September des gleichen Jahres wird in dem Gedicht 'Die Stadt der Qual' in einem grandiosen Projektionsverfahren der Aufstand geprobt: Die Zerstörung dessen, was ihm als die Inkarnation aller Bedrohung erschienen war, wird auf den Verfall einer Stadt verschoben – sie zerstört sich selbst. Vier der insgesamt acht Strophen lauten:

Ich bin in Wüsten eine große Stadt
Hinter der Nacht und toten Meeren weit.
In meinen Gassen herrscht stets wilder Zank
Geraufter Bärte. Ewig Dunkelheit

Hängt über mir wie eines Tieres Haut.
Ein roter Turm nur flackert in den Raum.
Ein Feuer braust und wirft den Schein von Blut
Wie einen Keil auf schwarzer Köpfe Schaum.

Der Geißeln Hyder bäumt in hoher Faust.
In jedem Dunkel werden Schwerter bloß.
Und auf den Toten finstrer Winkel hockt
Ein Volk von bleichen Narren, kettenlos.
...

Und gelbe Seuchen blies ich über mich.
Die Leichenzüge gingen auf mir her,
Ameisen gleich mit einem kleinen Sarg,
Und winzige Pfeiferleute bliesen quer.

...
(1.349)

Der geschichtliche Kontext, dem diese Phantasmagorie entspringt – von einer Wüstenstadt ist die Rede, aber in den Flagellanten-Zügen, den kettenlosen Narren, den Begängnissen der Opfer einer Seuche und den Pfeiferleuten tritt eine mittelalterliche Bildfolge zutage –, wird später noch zu begründen sein. Für den Moment wäre der Blick vor allem auf den Wandel zu richten, der sich hier ankündigt. Eines der ersten Gedichte im 'Ewigen Tag' trägt den Titel 'Der Gott der Stadt':

Auf einem Häuserblocke sitzt er breit.
Die Winde lagern schwarz um seine Stirn.
Er schaut voll Wut, wo fern in Einsamkeit
Die letzten Häuser in das Land verirrn.

Vom Abend glänzt der rote Bauch dem Baal,
Die großen Städte knien um ihn her.
Der Kirchenglocken ungeheure Zahl
Wogt auf zu ihm aus schwarzer Türme Meer.

Wie Korybanten-Tanz dröhnt die Musik
Der Millionen durch die Straßen laut.
Der Schlote Rauch, die Wolken der Fabrik
Ziehn auf zu ihm, wie Duft von Weihrauch blaut.

Das Wetter schwelt in seinen Augenbrauen.
Der dunkle Abend wird in Nacht betäubt.
Die Stürme flattern, die wie Geier schauen
Von seinem Haupthaar, das im Zorne sträubt.

Er streckt ins Dunkel seine Fleischerfaust.
Er schüttelt sie. Ein Meer von Feuer jagt
Durch eine Straße. Und der Glutqualm braust
Und frißt sie auf, bis spät der Morgen tagt.
(1.192)

Mit diesem Gedicht wird jene Reihe eingeleitet, die auch die 'Dämonen der Städte' und 'Der Krieg' umfaßt. Sie wirken wie riesige Bühnenprospekte, der Sprechende ist Beobachter, Zuschauer. Was geht vor? Wohl erscheint, was geschieht, nicht »nur als Abbild, sondern auch als vollkommenes Sinnbild der Welt«, wie Alewyn über das barocke Welttheater gesagt hat. Wie aber kommen diese dämonischen Sinnbilder, diese Figurationen zustande? Entbinden sie »die untere Traumwelt« (Killy)? Wenn das so ist, woran man kaum wird zweifeln dürfen, dann erscheinen in ihnen jene Riesen, die das vereinsamte Kind in durchängsteten Nächten bedroht haben. Die alte Angst aber hat sich nun gewandelt – aus dem Verfolgten ist der Angreifer geworden. In einem Zerstörungszug, der sich des ganzen Kosmos bemächtigt, die Gestirne seiner Allmachtsphantasie unterwirft, wird nun dem Gewalt angetan, was das Kind einst zu überwältigen drohte: der Stadt, die es wie ein *Riese in der Nacht* empfangen hatte.

Der kleine dicke Gott der Stadt ist Baal, der semitische Sturm- und Fruchtbarkeitsgott. Er verfügt über alle Elemente, die ihm der Mythos zuschreibt: die *schwarz um seine Stirn lagernden Winde,* die *flatternden Stürme,* auch der *Korybantentanz,* mit dem der Gott der Sinnlichkeit verehrt wird, fehlt nicht. Aber dieses rauh-barbarische Idyll wandelt sich rasch, wird bedrohlich. Ein böser vernichtender Zug wird sichtbar: *Das Wetter schwelt in seinen Augenbrauen;* in seinem Haar sitzen die Stürme in Geier-Gestalt. Auch der Verehrungstanz der Korybanten wird anders bestimmt, als es der Mythos will: *Die großen Städte knien um ihn her. Der Schlote Rauch,* der ebenso anbetend zu ihm aufzieht, wird zum *Weihrauch:* So betet man einen Gott an, von dem man Gnade erhofft. Wie vergeblich die Geste der Adoration gewesen ist, spricht die letzte Strophe aus. Das Maskenspiel, von dem früher schon die Rede war, bekommt in diesem Gedicht zum ersten Mal eine größere Dimension: aus dem ängstlichen Kind ist der Aggressor geworden – als *Gott der Stadt* jener nächtlich erschienene Grendel aus dem Mythos. Der *Krieg* wird in der Maske eines Negerfürsten erscheinen.

Auch die Dämonen, die *wandern durch die Nacht der Städte, die schwarz sich ducken unter ihrem Fuß,* die beim ersten Anblick dieser Stadt externalisierten Gestalten glichen, sind jetzt zu gewalttätigen Ich-Inkarnationen geworden,

den einen Fuß auf einen Platz gestellt,
Den anderen gekniet auf einen Turm –

und

Um ihre Füße kreist das Ritornell
Des Städtemeers mit trauriger Musik,
Ein großes Sterbelied. Bald dumpf, bald grell
Wechselt der Ton, der in das Dunkel stieg.
...

Einer steht auf. Dem weißen Monde hängt
Er eine schwarze Larve vor. Die Nacht,

Die sich wie Blei vom finstern Himmel senkt,
Drückt tief die Häuser in des Dunkels Schacht.

...
(1.186)

Doch finden sich in dem Zyklus, der unter dem Titel 'Schwarze Visionen' den Band beschließt, zwei Strophen, die als Fluchtraum ein ganz anderes Bild von Städten sehnsüchtig phantasieren; ein Bild mit dem die *düsteren Abendschatten, die schwarze Brücken auf den dunklen Strom werfen,* ausgelöscht werden:

Sie nahn den Städten, da sie wohnen sollen,
Draus goldne Winde gehn im Abendflug.
Der Tore Amethyst im tiefen Stollen
Küßt ihrer Reiherschwingen langer Zug.

Die Silberstädte, die im Monde glühen,
Umarmen sie mit ihres Sommers Pracht,
Wo schon im Ost wie große Rosen blühen
Die Morgenröten in die Mitternacht.
(1.214)

Um die Zeit, da er Rowohlt weitere, eben entstandene Gedichte für den 'Ewigen Tag' überschickt, schreibt er (im November 1910) in sein Tagebuch: »Ich beobachte die Wolken, gelbliche, weiße Fische, Fasane, eine Maus auf blauem Grund. Und rechts ein wunderbares Phantom, wie ein riesiger Polyp mit unzähligen, langen, feinen Armen.« (3.153) Dieses kindlich-närrische Spiel mit 'Wolkenbildern' (Hamlet hatte es mit dem Kammerherrn Polonius geistvoll betrieben, um ihn von seinen Wahnbildern zu überzeugen) ist hier zu einer Allegorie von Natur überhaupt geworden: »Die Naturbeseelung bei Heym schließt vielmehr das Verstehen der Natur in ihrem Eigenwert völlig aus und ist Ausdruck ... einer Trennung von Mensch und Natur.« (Schneider, 43) Die Tagebucheintragung wird in einem Augenblick verfaßt, da er sich mit dem Werk van Goghs zu beschäftigen beginnt. Von einem Bekannten hatte er sich im September ein Buch mitgenommen und in einem Brief festgehalten: »... er sieht alle Farben so, wie ich sie sehe.« (3.205) Mit den Farben sind die Gegenstände der Natur selbst gemeint. Denn sie, vom Maler nicht in einem mimetischen Gestus der Natur nachgemalt, bringen diese Gegenstände selbst hervor, verleihen ihnen eine neue, durch den subjektiven Eindruck vermittelte Autonomie. Schon deshalb geschieht das, weil sich in der Affinität zu den Dingen für den Künstler gleichzeitig eine Affinität zur Welt äußern würde. Diesen Vorgang, der in einem real erscheinenden Bild eine ganz andere Wirklichkeit hervortreten läßt, hat van Gogh 1888 in einem Brief aus Arles zu erklären versucht: »In meinem Caféhausbild versuchte ich auszudrücken, daß das Café ein Ort ist, wo man verrückt werden und Verbrechen begehen kann. Ich versuchte es durch die Gegensätze von zartem Rosa, Blutrot und dunkelroter Weinfarbe, durch ein süßes Grün à la Louis XV. und Veroneser Grün, das mit Gelbgrün und hartem Blaugrün kontrastiert. Dies alles drückt eine Atmosphäre von glühender Unterwelt aus, ein bleiches Leiden. Dies alles drückt die Finsternis aus, die über einen Schlummernden Gewalt hat.« Dreiundzwanzig Jahre später wird mit der kalten Konsequenz dieser Einsicht ein Gedicht niedergeschrieben, das unter dem griechischen Titel KATA (Herab) wenige Monate nach Heyms Tod in den Nachlaßband 'Umbra vitae' aufgenommen wird:

Ein roter Donner. Und die Sonne tost,
Ein Purpurdrachen. Sein gezackter Schwanz
Peitscht hoch herauf der weiten Himmel Glanz,
Der Eichen Horizont, drin Flamme glost.

Der großen Babel weiße Marmorwand,
Und riesiger Pagoden goldnen Stein
Zerschmettert fast der ungeheure Schein,
Mit lauten Beilen eine Feuerhand.

Musik, Musik. Ein göttlicher Choral.
Das offne Maul der Sonne stimmt ihn an,
Das Echo dröhnt vom weiten Himmelssaal.

Und ruft hervor der dunklen Nacht Tyrann,
Den Mond, Tetrarchen, der im Wolkental
Schon seltsam lenkt das fahle Viergespann.
(1.276)

Beschreibung einer Landschaft mit Sonnenuntergang: ein Gewaltakt. *Der Himmel Glanz, der riesigen Pagoden goldner Stein, der göttliche Choral;* zur Zeichensprache der Regression, dem Kitsch, verkommene Kulissenstücke, werden buchstäblich zu ihrer Hinrichtung geführt: als die Dinge, die der consensus omnium als imagines des schwindenden Tages in seiner Lyrik in Empfang zu nehmen gewohnt war: Der *gezackte Schwanz des Purpurdrachen peitscht der Himmel Glanz; der goldne Stein der Pagoden wird zerschmettert,* der *göttli-*

che Choral von einem *Maul* angestimmt. Der Mond, stiller Gefährte der Nacht in anderen Fällen, ist hier *der dunklen Nacht Tyrann,* der, das antike Bild vom morgendlichen Helios-Gespann konterkarierend, dieses Gespann nun selbst als Fürst, *Tetrarch,* in den abendlich düster brennenden Horizont der Eichen führt.

7. 'Der Krieg'

Seit Februar 1911 ist Heym ständiger Mitarbeiter an Franz Pfemferts 'Aktion' – neben Waldens 'Sturm' wohl die einzige Zeitschrift, die die Geschichte des literarischen Expressionismus aufbewahrt hat: »In diesen zwei Zeitschriften ist ein jeder einmal Mitarbeiter gewesen, der heute in der neuen Kunst sich schaffend hervortut.« (F.M. Huebner, Der Expressionismus in Deutschland, 1920) Ebenfalls im Februar war über einer – offenbar schon damals hochgeschätzten – 'Methodendiskussion' der Neue Club auseinandergebrochen: Wie tief Heym dieses Ereignis selbst beschäftigt hat, ist nicht bekannt. Zu vermuten ist aber, daß ihn Theoriedebatten überhaupt nicht interessierten: Die Fülle der in diesen Monaten entstehenden Produktion bestätigt diese Vermutung eher denn es werden nicht nur eine Vielzahl von Gedichten niedergeschrieben, sondern auch alle Novellen, die auf uns gekommen sind. Eine Reihe von ihnen schickt er Mitte April an Ernst Rowohlt. Davon wird später die Rede sein. Ihre durchgehende Düsternis und Grausamkeit lassen die Nähe zum Gedicht 'Der Krieg' erkennen, das im September 1911 entsteht, bilden aber einen Kontrast zu Gedichten wie dem folgenden, das in der Reihe der Dichtungen überhaupt einzigartig dasteht:

> Alle Landschaften haben
> Sich mit Blau gefüllt.
> Alle Büsche und Bäume des Stromes,
> Der weit in den Norden schwillt.
>
> Blaue Länder der Wolken,
> Weiße Segel dicht,
> Die Gestade des Himmels in Fernen
> Zergehen in Wind und Licht.
>
> Wenn die Abende sinken
> Und wir schlafen ein,
> Gehen die Träume, die schönen,
> Mit leichten Füßen herein.

Zymbeln lassen sie klingen
In den Händen licht.
Manche flüstern, und halten
Kerzen vor ihr Gesicht.
(1.337)

Aber das ist ja nicht die Restitution eines lange vergessenen Landschaftsbildes – blau, »die Farbe der Introvertierten« (Benn; 3, 245) bestimmt seine Färbung –, es ist, in der melancholischen Anmut von halben Lauten, abermals ein utopischer Entwurf; kein Abbild von Natur, eher eine Entfernung aus ihr, die nicht Segel auf Strömen, sondern Wolken als Segel in den Gestaden eines Himmels erblickt, die in Wind und Licht, überstrahlt, verschwinden. Was ist, bricht in die Träume zurück, in ihre Sprache, die jener der Musik so unverwechselbar gleicht; allein das Licht der Kerzen erleuchtet ihr *Gesicht.*

Es ist der gleiche Monat, in dem das Gedicht geschrieben wird, das nach dem Zeugnis der einen von einem *Sehertum des Grauens,* nach dem Zeugnis der andern von der *zweiten Marokko-Krise im September 1911* bestimmt worden ist. Um das eine oder andere, meist das Sehertum, zu belegen, hat man es in alle Anthologien moderner deutscher Dichtung aufgenommen – aber den ergriffenen Untersuchungen, die es begleiten, fehlt der Kontext, an den man zuallererst sich halten müßte: »Ich wäre mit einem Male gesund, ein Gott, erlöst, wenn ich irgendwo eine Sturmglocke hörte, wenn ich die Menschen herumrennen sähe mit angstzerfetzten Gesichtern, wenn das Volk aufgestanden wäre, und eine Straße hell wäre von Pieken, Säbeln.« (15. September 1911; 3.164) Die 'Bildvorlage' für dieses Gedicht ist wahrscheinlich Francisco de Goyas Gemälde *Der Koloß* (1801/02) gewesen; eine spätere Tagebuchnotiz verweist darauf, daß Heym sich auch mit Goya beschäftigt hat. Der Dämon nicht der Stadt, sondern des *Krieges* ist – genau wie seine Vorgänger – auserkoren, die Welt, die das Kind bedroht hat, zu brandschatzen:

Aufgestanden ist er, welcher lange schlief,
Aufgestanden unten aus Gewölben tief.
In der Dämmrung steht er, groß und unerkannt,
Und den Mond zerdrückt er in der schwarzen Hand.

In den Abendlärm der Städte fällt es weit,
Frost und Schatten einer fremden Dunkelheit,

Und der Märkte runder Wirbel stockt zu Eis.
Es wird still. Sie sehn sich um. Und keiner weiß.

In den Gassen faßt es ihre Schulter leicht.
Eine Frage. Keine Antwort. Ein Gesicht erbleicht.
In der Ferne wimmert ein Geläute dünn
Und die Bärte zittern um ihr spitzes Kinn.

Auf den Bergen hebt er schon zu tanzen an
Und er schreit: Ihr Krieger alle, auf und an.
Und es schallet, wenn das schwarze Haupt er schwenkt,
Drum von tausend Schädeln laute Kette hängt.

Einem Turm gleich tritt er aus die letzte Glut,
Wo der Tag flieht, sind die Ströme schon voll Blut.
Zahllos sind die Leichen schon im Schilf gestreckt,
Von des Todes starken Vögeln weiß bedeckt.

Über runder Mauern blauem Flammenschwall
Steht er, über schwarzer Gassen Waffenschall.
Über Toren, wo die Wächter liegen quer,
Über Brücken, die von Bergen Toter schwer.

In die Nacht er jagt das Feuer querfeldein
Einen roten Hund mit wilder Mäuler Schrein.
Aus dem Dunkel springt der Nächte schwarze Welt,
Von Vulkanen furchtbar ist ihr Rand erhellt.

Und mit tausend roten Zipfelmützen weit
Sind die finstren Ebnen flackend überstreut,
Und was unten auf den Straßen wimmelt hin und her,
Fegt er in die Feuerhaufen, daß die Flamme brenne mehr.

Und die Flammen fressen brennend Wald um Wald,
Gelbe Fledermäuse zackig in das Laub gekrallt.
Seine Stange haut er wie ein Köhlerknecht
In die Bäume, daß das Feuer brause recht.

Eine große Stadt versank in gelbem Rauch,
Warf sich lautlos in des Abgrunds Bauch.
Aber riesig über glühnden Trümmern steht
Der in wilde Himmel dreimal seine Fackel dreht,

Über sturmzerfetzter Wolken Widerschein,
In des toten Dunkels kalte Wüstenein,

Daß er mit dem Brande weit die Nacht verdorr,
Pech und Feuer träufet unten auf Gomorrh.
(1.346)

Gegründet ist dieses große Gedicht also auf Bedrohung und Angst. Der Widerhall, den es gefunden hat, geht wohl auf die Bilder zurück, in denen diese Begriffe elementar werden: sie sind auf düstere Weise vertraut. Müßig mag schon vor ihnen die Frage werden, welcher unmittelbare historische Anlaß sie heraufgerufen habe (hinlänglich bekannt ist, daß das politische Leben der Epoche von Kriegsangst auf der einen, zum anderen aber von dem Wunsch nach einem *erlösenden* Krieg bestimmt war). Karl Ludwig Schneiders Untersuchung über den unmittelbaren Auslöser des Gedichtes, die zweite Marokko-Krise, hat denn auch vor allem den Sinn gehabt, den schlechten Mythos vom *Sehertum des Grauens* zu zerstören.
Einen Anhaltspunkt für die Entfaltung der apokalyptischen Fügungen des Gedichtes gibt die letzte Zeile der Schlußstrophe. In der Lutherschen Übersetzung des Verses 24 im 1. Buch Mose, Kap. 19 lautet sie: »DA lies der HERR Schwebel vnd Fewr regenen von dem HERRN vom Himmel erab / auff Sodom vnd Gomorra«. Die Begründung für diese Vernichtung, die Sodomie, mag bei Heym gegenüber dem Zerstörungswunsch von zweitrangiger Bedeutung sein. Das Gedicht spricht allein vom Strafgericht, und seine Vorstellungskraft bedient sich der Bildsprache der Apokalyptik: »So wird das Thier / das aus dem Abgrund auffsteiget / mit jnen einen Streit halten / vnd wird sie vberwinden / vnd wird sie tödten.« (Offenbarung Joh. XI, 7).
Die mittelalterlichen Bilddarstellungen dieser Endzeit-*Vision*, in überwältigender Zahl überliefert, bestimmten die elf Strophen des Gedichtes, das nicht allein auf die gegenwärtigen Ängste aller, sondern auf höchstpersönliche Angsterfahrungen zurückgeht, die *gegenwärtigen* Bedrohungen in *alte*, tradierte Bilder kleidet: in die einer faßbaren, noch identifikablen Welt, die die Schrecken nicht abstrakt und ungreifbar, sondern furchtbarer durch ihre an Holzschnitte erinnernde Unmittelbarkeit macht – der *Märkte runder Wirbel*, das *dünn wimmernde Geläute* über den Gassen, die ums *spitze Kinn zitternden Bärte* der gewerbetreibenden Handelsjuden, die *runden Mauern*, der *Waffenschall in schwarzen Gassen, Tore, erschlagene Wächter*, ja noch das *Dunkel*, das *der Nächte schwarze Welt* hervorbringt, der Vergleich der Personifikation des Krieges mit einem *Köhlerknecht*, seiner überwältigenden Macht, die ins Bild der dreimal gedrehten Fackel gefaßt wird (das aus der Antike vertraute Sinnbild des nahenden Todes).

Wie die biblischen Endzeit-Vorstellungen zur Vertiefung der Drohungen den Kosmos selbst mit einbeziehen – noch aber im Bilde der *unio mystica,* der Einheit von Himmel und Erde –, so erscheint er auch hier, beginnend mit jenem, der aufgestanden ist *unten aus Gewölben tief*, der *fremden Dunkelheit* (die Nacht und Tag nicht mehr voneinander scheidet), über die ausbrechenden *Vulkane* bis hin zur *im wilden Himmel dreimal* gedrehten *Fackel,* die man auch als die aus ihrer Bahn gerissenen Gestirne erkennen könnte. Auch das direkte Bibelzitat von *Pech und Feuer* spricht das aus. Ganz offensichtlich bedient sich das Gedicht allein überlieferter Visionen.
Doch trägt es überdies – halb verdeckte – Züge einer ganz anderen Vorstellung. Nicht mehr die Gestirne selbst sind es, die aus ihrer Bahn gerissen werden, dieser düstere Gott zerdrückt den Mond *in der schwarzen Hand, auf den Bergen hebt er schon zu tanzen an,* um *das schwarze Haupt* hängt ihm eine rasselnde Kette *von tausend Schädeln.* Und vor allem: *groß und unerkannt* steht er in der *Dämmerung.* Was hat das noch mit alten Bildern zu tun, deren Untergang doch allemal die Drohung vorausging, die ihn ankündigte? Keine Boten werden ausgesandt, die Gerechten zu retten: der Riese in der Nacht ist unvermittelt da, das Entsetzen über sein unversehenes Erscheinen wird in fünf Worte gefaßt: der Märkte *runder Wirbel stockt zu Eis.* Das Ende in Eis, Wüstenein, Feuer und Schwefel ist vorweggenommen. Ja, seine Vorwegnahme wird – und das macht sie so unvergeßlich, vertieft den angestrebten Eindruck – in kleinen Sätzen und Einzelbildern zusammengestellt, deren Schrecken in Groß-Szenerien untergingen und damit an Gewalt verlören. Was geschieht hier vom Schreibenden aus gesehen?
Vom Bildzitat ist die Rede gewesen, nicht von den großen, oft *unerkannten* (und daher um so entsetzlicher wirkenden) Phantasien, denen das Kind (das sich *rasch in das Dunkele* einzugraben wünscht, um den Schreckbildern zu entkommen) so hilflos ausgeliefert ist. Wer diese Bilder noch einmal in einem Moment zusammenrafft, da er ihnen endlich Sprache verleihen kann, spricht vor allem von sich. Der unersparte Schmerz der Kindertage (aus dessen Schreien Wittgenstein die *tiefe Wut und Zerstörungssucht* der Zukunft herausgehört hat) tritt ganz offenbar in Rechte ein, die dieser Ängste Herr zu werden vermögen. Am Text allein läßt sich das nicht belegen. Aber es mag zulässig sein, den biographischen Zusammenhang des lyrischen Werkes immer wieder herzustellen. Folgt man diesem Versuch, dann zeigt sich, daß der Geängstete selbst in einem großen projektiven Verfahren zum rasenden, auf den Bergen tanzenden

Dämon wird; daß das Ich in dieser Gestalt in einer großartigen Bemächtigungsphantasie einen grausamen Vernichtungszug einleitet, dessen Brutalität sich schon im Sinnbild des Satzes ankündigt: »Und den Mond zerdrückt er in der schwarzen Hand.«

8. *'Umbra vitae'*

Einen Monat später, im Oktober 1911, wird das Gedicht niedergeschrieben, das später den Nachlaßband 'Umbra vitae' eröffnen wird. Auch dieses Gedicht bedient sich vertrauter Bilder. Seine ersten Strophen lauten:

Die Menschen stehen vorwärts in den Straßen
Und sehen auf die großen Himmelszeichen,
Wo die Kometen mit den Feuernasen
Um die gezackten Türme drohend schleichen.

Und alle Dächer sind voll Sternedeuter,
Die in den Himmel stecken große Röhren.
Und Zaubrer, wachsend aus den Bodenlöchern.
In Dunkel schräg, die einen Stern beschwören.

Krankheit und Mißwachs durch die Tore kriechen
In schwarzen Tüchern. Und die Betten tragen
Das Wälzen und das Jammern vieler Siechen,
Und welche rennen mit den Totenschragen.

Selbstmörder gehen nachts in großen Horden,
Die suchen vor sich ihr verlornes Wesen,
Gebückt in Süd und West, und Ost und Norden,
Den Staub zerfegend mit den Armen-Besen.

Sie sind wie Staub, der hält noch eine Weile,
Die Haare fallen schon auf ihren Wegen,
Sie springen, daß sie sterben, nun in Eile,
Und sind mit totem Haupt im Feld gelegen.

Noch manchmal zappelnd. Und der Felder Tiere
Stehn um sie blind, und stoßen mit dem Horne
In ihren Bauch. Sie strecken alle viere
Begraben unter Salbei und dem Dorne.
(1.440)

Nicht ganz von ungefähr wird man Ernst Ludwig Kirchner zwölf Jahre nach Heyms Tod damit beauftragt haben, für einen bibliophilen Neudruck des Gedichtbandes 'Umbra vitae' (Kurt Wolff Verlag, 1924) Holzschnitte anzufertigen. Der Holzschnitt, auch dies kaum zufällig, der im Mittelalter eine Blütezeit erlebt hat, wird vom Expressionismus auf eine Weise gepflegt, die zwar nicht die Restitution der alten Bilder bewirkt, doch aber den historischen Rekurs auf sie sucht. In Kirchners Holzschnitt-Illustrationen zu Heyms Nachlaßband wird das erkennbar. Einleuchtend wird an dem eben zitierten Gedicht ihr Sinn: es sind statuarische Bilder – *die Menschen stehen vorwärts in den Straßen.*

Auch ein anderer ist offenbar. Der Aberglaube, geknüpft ans Bild der Sternedeuter, die auf bedrohliche Himmelszeichen sehen, noch die gezackten Türme, ihr Riß im Dunkel und das unversehene Auftauchen von *Zaubrern, wachsend aus den Bodenlöchern,* die in Zeiten, da es übel steht um den Lauf der Welt, gern herbeigerufen werden, sprechen davon: der Aberglaube steht in hoher, fast heimeliger Blüte.

Dazu erscheint die merkwürdig verrätselte Horde der Selbstmörder (die der Krankheit und dem Ernte-*Mißwachs* wohl weniger entfliehen als aufbrechen, um ihr verlorenes Wesen zu suchen, wenigstens also im Tode wieder zu sich selbst kommen wollen), die von den blinden Tieren auf dem Felde aufgespießt werden.

Zu fragen wäre, wie der Bruch, der sich in der Abwendung von der 'modernen' Großstadtwelt und der Hinwendung zu überlieferten Bildwelten ausspricht, zu erklären ist. Bei einem Mann wie Heym hat das bedrohliche Märchengeplauder der beiden ersten Strophen dieses Gedichtes einen ironischen Unterton. Wie kam er zustande?

Der äußere Anlaß mag die weitbeschriene Angst vor dem Wiederauftauchen des Halleyschen Kometen gewesen sein: Er ist der eindrucksvollste mit bloßem Auge sichtbare Komet mit einer Umlaufzeit von 76 Jahren. Bei seinem Erscheinen im Jahre 1910, man zitterte allenthalben, er könne den Erdball treffen, durchquerte sein Schweif fast den ganzen Himmel und bedeckte zeitweise die Sonnenscheibe. Aus den Astronomen, die sein Kommen und Gehen beobachteten und kommentierten, macht Heym, im Nachhall dieser Angst – ein Jahr darauf – *Sternedeuter.* Von den Hellsehern, den *Zaubrern aus den Bodenlöchern,* war wohl vieles zu hören, was die Justiz schon damals unter die Strafe des Gaukeleiparagraphen stellte. Auf Gegenwart wird also ironisch mit einem sinnreichen Rückblick auf andere, ebenso ungewisse Zeiten geantwortet.

Wenn Modernität das ist, was sich vom gemütvoll Gegenwärtigen befremdlich abhebt, zutrauliche Bilder in Frage stellt, so wird mit der Lösung von schlechter Tradition ein Konsens mit bedeutender Überlieferung hergestellt, Erinnerungsarbeit geleistet. Der Flucht aus der Gegenwart antwortet das Bewußtsein der Gegenwärtigkeit von Geschichte.

Die wahren Schrecken, im Gang einer zunehmenden Erkenntnisunfähigkeit eben noch vom Schweif des Halleyschen Kometen überstrahlt, sind mittlerweile so in die Verhältnisse eingegangen, daß sie zum Schein ihre Macht verloren, sie an den Kitzel abgegeben haben. Überleben können sie, so die Vorstellung des Gedichtes, allein in den archaisch gewordenen Mustern von Bedrohung und Gewalt. Mit ihnen wendet man sich also nicht vom modernen Weltkrach ab, es galt vielmehr, wie Lessing (vom Braunschweiger Konsistorium nach seinen Goeze-Gefechten zum Schweigen verurteilt) das mit dem *Nathan* nach eigenem Zeugnis getan hat, *den Feind in der Flanke anzugreifen:* und dazu war auch ihm, dem großen Vorfahren, das Mittelalter eben recht gewesen.

Da von Traditionen gerade die Rede ist, sei noch ein Blick auf die Tagebucheintragung vom 27. September 1911 geworfen. Sie wird zu einer Zeit hoch angespannter Produktivität niedergeschrieben: »Der Jambus ist eine Lüge. Mindestens eine lateinische Form, 'Durchsichtiges, vierkantiges' ist eine Kette am Gedanken. In einer großen Curve bin ich dahin zurückgekehrt, wo ich einst ausging, wie jemand der in den Windungen einer Bergstraße geht, und plötzlich an der selben Stelle des Berges steht, nur eben um einen weiten Abhang höher.« (3.166) Der Ambivalenzkonflikt liegt auf der Hand: Die jambische Versform kommt mit traditionellen Mustern beladen daher; von ihr sich freizumachen heißt, unerwünscht gewordenen Vorbildern zu entsagen. Die Unebenheiten, die rhythmischen Mängel, platter Kritik rasch auffällig geworden, verweisen eher auf die Schärfe dieses Konflikts, nicht auf einen Mangel an prosodischer Sensibilität. Der von George gepriesene *Sakralbau* der Jamben, auf den Heyms Bemerkung von der »Binger tönernen Pagode« (2.181) abzielte, war freilich durch die Inhalte der in Jamben gemauerten Bilder zerbrochen: »versenkt und maskenstarr« (4.73) standen sie da. Heym mochte wissen, der *curven*reiche Aufstieg hatte es ihm gezeigt, daß dem zwanghaften Rekurs auf die mißbilligte Tradition sich die Monumentalität seiner Verse verdankt hat. Das ging in Zyklen, genau wie das Bild von der *Bergstraße* es sagt; in Zyklen auch traten Bilder in der Dichtung hervor, die unter anderen, neuen Eindrücken verschwunden schienen. Was erst spät, im September und November 1911, sich wieder einstellte – der naturferne Blick auf eine Natur, die allein noch aus ihrer Metaphorik zu leben scheint –, findet sich in einem Gedicht, das weder im 'Ewigen Tag' noch in 'Umbra vitae' Aufnahme fand, erst also in die Gesamtausgabe eingegangen ist. Man hat seine Entstehungszeit ermittelt: Juni 1910:

Da mitternachts ein feiner Regen fiel
Aus dunstgen Wolken, kam der Mond herauf,
Als wenn ein Geisterschiff begänn den Lauf.
So groß und glühend war des Mondes Kiel.

Er hing am Horizont mit halber Fülle
Wie eine andre Welt, ein Meteor,
Das in den Wald gestürzt die Bahn verlor
Den Wald zerdrückend mit der glühnden Hülle.

Er blähte auf, ein Luftschiff an den Tau'n,
Ein stieres Auge eines Ungeheuers,
Wie eine große Blase toten Feuers,
Ein blutger Schädel, der entzweigehaun.

...
(1.85)

In den immer gewalttätiger werdenden Metaphern, die *eine andre* sich selbst entfremdete *Welt* erblicken, wird eine Gemütslage anderer Art vorgeführt als jene, die im *stillen Gefährten der Nacht* den Widerschein des beruhigten Herzens gesehen hatte; wird aber zugleich der wahren Natur der Dinge auf den Grund geblickt.
Die biographischen Daten der Zeit geraten demgegenüber zu Details. Am 7. Juli 1911 weist die Universität Würzburg die Dissertation zurück, da »die Arbeit so viele Schreibfehler und Mängel im Satzbau« enthalte, daß sie »einer Durchsicht nicht unterzogen wurde« (3.256). Eine dreimonatige Frist zur Überarbeitung wird gewährt. Eine Woche später stellt Heym den Antrag, ihn wieder zum juristischen Vorbereitungsdienst zuzulassen. Man genehmigt das Gesuch fast unverzüglich, und ab Anfang August ist Heym dem Amtsgericht Wusterhausen an der Dosse zur Ableistung der »I. Amtsgerichtsstation« zugeteilt. Doch schon drei Wochen später reicht er ein Urlaubsgesuch ein. Die Beamten stimmen der Bitte zu: bis 4. September. Am 9. September ersucht der Gerichtsschreiber im Namen des aufsichtführenden Amtsrichters »um Mitteilung, ob Ihnen vom Kammergerichtspräsidenten der Urlaub erteilt ist« (3.263). Vier Tage

später verläßt ein Brief aus Berlin-Charlottenburg die Stadt in Richtung Leipzig: »Sehr geehrter Herr Rowohlt. Ich teile Ihnen mit, daß ich nun nur noch eine Novelle zu schreiben habe, und daß dann der ganze Schwung an Sie sofort abgeht ... Ergebenst Heym« (3.263). Am selben Tag noch wird ein anderer Brief geschrieben: an die 'Ersatzkommission des Aushebungsgbezirks Charlottenburg'. Der Brief, in dem darum gebeten wird, »eine erneute Zurückstellung um ein Jahr« zu genehmigen, begründet dies mit »dem Studium fremder Sprachen«. Ein Brief an den 'Direktor des Seminars für Orientalische Sprachen', der um Zulassung in diesem Seminar bittet, wird geschrieben. Tagebuch vom 22. September 1911: »Wo ist die große Panacee (d.i. Panakeia = Allheilerin)? Soll ich noch Officier werden, oder nicht? *Dafür:* der Glanz der äußeren Stellung ... *Dagegen:* Der schreckliche Zwang ..., der sog. gesellschaftliche Verkehr, die Vorgesetzten ... Ja mein Gott, hier bedürfte ich der Erleuchtung.« (3.166) Ein Jünglingstraum im Zwielicht der Epoche: Offizier oder Dragoman (Karl May hat diese Bezeichnung gern verwendet) im Orient? Der Glanz oder das Abenteuer?

Die Groteske verschwindet schnell von der Bühne. Man bewilligt sein Gesuch und bietet ihm per 15. Oktober den Eintritt in die arabisch-marokkanische Klasse des Seminars für Orientalische Sprachen an; von Mitte Oktober an wird Heym chinesische und englische Sprachkurse im Orientalischen Seminar besuchen. Der Kaiserliche Militäranwalt Hermann Heym ersucht auf Bitten des Sohnes am 8. Oktober 1911 den Kommandeur des Feldartillerieregiments Nr. 72 in Marienwerder, »meinen Sohn Georg als Fahnenjunker einzustellen. Derselbe steht im 23. Lebensjahr und hat vor einiger Zeit sein Referendarexamen bestanden. Er möchte jedoch seine juristische Laufbahn aufgeben. Ich glaubte, ihm endlich seinen Wunsch erfüllen zu sollen.« (3.269) Da der Wunsch nichts weiter als die Alternative bot, innerhalb derer sich das Paar *Pflichttreue* und *Befehlsgehorsam* ebenso fruchtbringend kopulieren ließ wie im preußischen Justizwesen – und der Vater überdies kaum ahnte, was der Sohn mit diesem Wunsch in Wahrheit zu verbinden gedachte, half er nach. Der Oberstleutnant und Kommandeur des Regiments Nr. 72 teilte freilich zu seinem Bedauern im November mit, daß »der Offiziersbedarf durch vorhandene Fähnriche und Fahnenjunker ... völlig gedeckt« sei (3.278): ein ehrenwerter Mann, der schon damals *das amtliche und volkstümliche Denken,* wie Karl Kraus diesen Sprechvorgang einmal (in 'Weltgericht') nannte, in seinem Schreiben vereinte.

Auch auf dieses Denken zielte ab, was die letzte große schöpferische

Leistung Heyms bestimmen wird: ein Prosawerk, das – einschließlich der im Nachlaß aufgefundenen Skizzen – einundzwanzig erzählende Texte umfaßt, die (mit einer Ausnahme) alle in einem einzigen Jahr niedergeschrieben worden sind.
Schon am 9. März 1911, rund sechs Wochen vor Erscheinen des 'Ewigen Tag', hatte Heym seinem Leipziger Verleger mitgeteilt, daß er »übrigens bald einen Band Novellen beendet« habe, die er sich »gestatten werde«, nach Fertigstellung zu schicken (3.240). In ein intensiveres Gespräch tritt man dann erst im Oktober ein. Am 25.10. schreibt Rowohlt an Heym: »Abgesehen davon, daß die mir bisher vorliegenden Erzählungen kaum den möglichen Umfang haben um ein Buch zu füllen, so trage ich auch als Verleger die größten Bedenken sie vereint als Novellenband herauszubringen. So sehr mir persönlich die Erzählungen gefallen, so bin ich doch fest davon überzeugt, daß es völlig ausgeschlossen ist, auch nur einen ganz kleinen Leser- und Abnehmer-Kreis für ein Buch zu gewinnen, das einzig und allein von irrsinnigfiebernden Kranken, Gelähmten und Leichen handelt. Sie dürfen mich nicht mißverstehen: Ich will Sie durchaus nicht veranlassen Humoresken zu schreiben, aber es ist Ihnen und noch weniger mir damit gedient, wenn ich ein Buch drucke, dessen Absatz auch nur im bescheidensten Umfang nicht nur unwahrscheinlich sondern auch ausgeschlossen ist.« (3.271 f.)
In einem durchtriebenen Gemisch aus Überredung und Drohung antwortet Heym zwei Tage später: »... so muß ich allerdings sagen, daß ich genau das Gegenteil denke. Z.B. hat Octave Mirbeau (1850–1917; *Le jardin des supplices, Vf.)* ein Buch geschrieben: 'Der Garten der Qualen', das nur von körperlichen Qualen handelt, und das ungefähr schon die 20. Auflage hat. Gestatten Sie mir nun noch eine persönlilche Bemerkung: Ich bin von der Art, daß mich Ihre Weigerung, mein Buch jetzt zu verlegen, ... mich in meiner ganzen Arbeit so stören würde, daß ich überhaupt nichts rechtes mehr zustandebrächte. ... Wenn das Herausbringen meines Buches nicht in Ihrem Interesse ist, so muß ich es an anderer Stelle unterbringen.« (3.274) Am 31. Oktober freut er sich *sehr* über einen Brief Ernst Rowohlts, ist damit einverstanden, »daß wir das Buch erst Ende Januar bringen« und bittet »noch um gütige Übersendung des Vertrages« (3.275).

9. Die Novellen

Der Vertrag über die Veröffentlichung des Novellenbuches 'Der Dieb' wird am 30. November geschlossen. Erst ein Jahr nach Heyms Tod, im Februar 1913, ist das Buch erschienen. Es enthält sieben der insgesamt einundzwanzig erzählenden Texte – alle 1911 entstanden. Im Berliner Tagblatt schließt eine der ersten Rezensionen mit dem Satz: »Noch in der viehischen Raserei ... flammt ruhig und erbarmungslos klar das Licht der Erkenntnis« (4.271) – und dieser Satz enthält eine Ahnung dessen, was die Novellen Heyms bestimmt hat. Es ist die Erkenntnis von einer deformierten Welt, eine Einsicht, die das Absonderliche als ihre realen Tatbestände versteht. Und wenn Kunst, nach Adorno, immer »bewußtlose Geschichtsschreibung« ist (Adorno, 383), so wird in diesen Geschichten gerade dort von der gegenwärtigen Menschengeschichte gesprochen, wo sie ins Legendäre zu entschwinden scheinen.

Rowohlts kaufmännischer Sinn hatte, beim Lesen wird es klar, wohl gewittert, wie der *Abnehmerkreis,* den er in Geberlaune dem der Leser benachbart hatte, reagieren mußte auf die Tollhäuslerei, die Grausamkeit und Brutalität, die da so kalt *das Licht der Erkenntnis* traf. Von ihm beleuchtet wird, und jede beschreibende Nachschrift dieser sieben Novellen höbe den Sinn des zur Kenntnis Gebrachten auf, eine Vereinsamung, die in der grauen Kälte in zweifachem Sinne Menschenlos geworden ist.

»Die ganze Straße hinab lief das Geschrei. Und die ganze Straße begann, sich aus den Toren hinauszudrängen. Sie kamen an das Land, in die kahlen Felder, sie sahen einen verlassenen Himmel und die lange Reihe von Pappelbäumen der Chaussee, die hinten in dem armseligen Horizont der Ebenen untertauchten. Ein Stoß Raben flog über sie vor dem Winde her, den Städten zu ... Die Lumpen der Menschenherden verbreiteten einen entsetzlichen Gestank. Ihre schmutzigen Halsbinden flatterten um ihre grauen Gesichter. Ersticktes Weinen verflog durch das entsetzliche Schweigen ... Die zerstreuten schwarzen Figuren der Massen glichen den erstarrten Pas eines düsteren Menuetts, einem Tanze des Todes, den er mit einem Male hinter sich hatte erstarren lassen, verwandelt in einen riesigen, schwarzen Steinhaufen, gebannt und erfroren von den Qualen, Säulen des Schweigens.« (Der fünfte Oktober; 2.8/12)

»Es war ihm, als wenn er über einen weiten Platz ginge. Da lagen viele, viele Menschen, alle mit dem Kopfe auf der Erde ... und jedesmal trat er rechts und links um sich, auf die vielen weißen Köpfe. Und dann knackten die Schädel; es gab einen Ton, wie wenn jemand eine Nuß mit einem Hammer entzweihaut. Manche klangen ganz zart, das waren die dünnen, das waren die Kinderschädel. Da gab es einen Ton, wie Silber, leicht, duftig wie eine kleine Wolke. Manche

wieder schnarrten, wenn man auf sie trat, ähnlich wie Waldteufel. Und dann kamen ihre roten, flatternden Zungen aus dem Munde heraus, wie es bei den Gummibällen war. Ach, es war wunderschön ... Plötzlich sah er das Tier wieder, das in ihm saß. Unten zwischen dem Magen, wie eine große Hyäne. Hatte die einen Rachen. Und das Aas wollte raus. Ja, Ja, du mußt raus.« (Der Irre; 2.21/25)
In den düsteren Bildern spricht immerfort eine Geschichte, deren Abfolge Hunger und Mord ist, eine Geschichte, in der Menschenverlassenheit unausgesetzt mit Gottverlassenheit verwechselt worden ist. Und was hier eingeschrieben steht, ist der Abschied von einer Humanität, der der Abnehmerkreis längst den Rücken gekehrt hatte. Nur jene, die ahnen, vielleicht auch wissen mochten, wovon er gesprochen hat, erkannten die »gefährliche Macht, die steinbleich hinter dieser Sterbensbuntheit« stand: eine »verwundete Menschennatur« (Ernst Blass; 4.278).
»Sie begannen ihr gräßliches Handwerk. Sie glichen furchtbaren Folterknechten, über ihre Hände strömte das Blut, und sie tauchten sie immer tiefer in den kalten Leichnam ein und holten seinen Inhalt heraus, weißen Köchen gleich, die eine Gans ausnehmen ... Und der Tote zitterte leise vor Seligkeit auf seinem weißen Totentische, während die eisernen Meißel in den Händen der Ärzten die Knochen seiner Schläfe aufbrachen.« (Die Sektion; 2.35/37)
Ein rätselvoll kindlicher Ton, vor allem in dem Stück 'Der Irre', leitet in die – vielleicht bodenlosen – Gründe, aus denen diese grausigen Bilder aufgestiegen sind. Das Verfahren, ein grausames Bild an das andere zu reihen (der Irrsinnige wird auf seinem Wege auch zwei Kinder auf entsetzliche Weise umbringen), gleicht der Erledigung eines pathologischen Zuges durch Verschiebung auf eine externalisierte Gestalt. So verfahren Märchen. Ihr Bau und Verlauf ist dem von Aggression, von Schuld- und Angstgefühl nachgebildet; sie tragen zur Abfuhr erheblich bei, haben Erlösungscharakter. Gerade die Kunstmärchen – vor allem die Andersens –, in denen nicht selten Gewalttätigkeit und Grausamkeit scharf hervortreten, haben in einer Zeit große Erfolge, deren bedrückende Kulturforderungen mächtige Triebabfuhren verlangten.
Nicht ohne Grund macht die Epoche des Neoromantizismus auch einen Illustrator wie Gustave Doré so erfolgreich: sein Werk läßt eindrucksvolle Rückschlüsse auf die Binnenwelt der zeitgenössischen Kulturgesellschaft zu; denn wie kein anderer hat er die unterdrückten Wunschphantasien im Industriezeitalter – auch im übertragenen Sinn – in Stahl gestochen. Über seine Wirkung gibt es ein Zeugnis

von Walter Benjamin: »Ich habe diesen Raum [den unteren Teil der Siegessäule], den ein gedämpftes, von seiner Rückwand reflektiertes Licht erfüllt, nie betreten; ich fürchtete, dort Schilderungen in der Art derjenigen zu finden, die ich nie ohne Entsetzen in den Stahlstichen Dorés zu Dantes Hölle aufgeschlagen hatte. Es schienen mir die Helden, deren Taten dort in der Säulenhalle dämmerten, im stillen ebenso verrufen wie die Scharen, die, von Wirbelwinden gepeitscht, in blutende Baumstümpfe eingefleischt, in Gletscherblöcken vereist im finsteren Trichter schmachteten.« (Benjamin, 20 f.)
Wer das Entsetzen meiden will, betrachtet seine Darstellungen nicht immer wieder von neuem. Nicht großartiger als in dieser Evokation einer Kindheitserinnerung könnte die mit Grausen untermischte Lust am Schrecklichen gezeigt werden – und die erlösende Kraft des Märchens, das die entsetzlichen Taten an die Legende zurückweist. Bei Heym ist das wiederzuerkennen (auf die Anregungen, die er, ebenso wie Rimbaud, aus Bildern Dorés gewann, sei hier nur verwiesen). Die Grausamkeitsrituale in seiner Erzählwelt sind wohl Zitate mythischer Bilder. Aber in der Berufung auf sie wird auch etwas anderes geleistet: Klage und Wut gegenüber »Gewalt, Autorität, Obskurantismus« (Adorno, 88) gerade in ihrer Mimesis.
»Und so ging die Nacht dahin in einem phantastischen Halbdunkel, das der große versinkende Mond unten auf dem Boden der Kajüte ausstreute. Aber auf den Händen der Matrosen erschienen manchmal seltsame Figuren, uralten Hieroglyphen vergleichbar, Dreiecke, Pentagrammata, Zeichnungen von Gerippen oder Totenköpfen, aus deren Ohren große Fledermausflügel herauswuchsen ... Über den grauen Ebenen des Meeres, über den Inseln, überall lag ein grauer Nebel, feucht, warm und erstickend. Ein kleiner roter Punkt stand am Rande des Ozeans, wie ein entzündetes Auge. Die Sonne ging auf.« (Das Schiff; 2.57/59)
'Das Schiff', auf dem die uralten Zeichen eine Krankheit zum Tode ankündigen, auf dem der Raum zum heruntergehen enger wird, da man fürchten muß, *überLeichen zu steigen*, gibt sich auch als eine der abenteuerlichen Seefahrergeschichten, in denen sich seit Edgar Allan Poes 'Arthur Gordon Pym' ein Bruch sichtbar macht, nämlich der mit den Exotismus-Phantasien, in denen sich Fluchtwünsche verbargen. Dieses Schiff zieht »wie ein Sterbender ein Tuch über sein Gesicht«: »Auf dem Deck stand eine schwarze Gestalt. Und in dem Feuerschein schien sie zu wachsen, und ihr Haupt erhob sich langsam über die Masten, während sie ihre gewaltigen Arme im Kreise herumschwang gleich einem Kranich gegen den Wind. Ein fahles

Loch tat sich auf in den Wolken. Und das Schiff fuhr geradenwegs hinein in die schreckliche Helle.« (2.64)

Auf die Novelle, die dem Band den Titel gab, eine der rätselvollsten, die Heym geschrieben hat, sollte schon deshalb eingegangen werden, weil sie den herausragenden Stücken deutscher Erzählprosa zuzurechnen ist: 'Der Dieb'.

Zu den »Attrappen, den Schemen vergangener Wesenheiten«, denen die »Eigenschaften und Gefühle, mit denen die zerfallende bürgerliche Welt, die kein Eigenes mehr aus sich erzeugen kann, den Anschein des Lebens erweckt« (Horkheimer, 35), gehörte am Ausgang des Jahrhunderts Leonardos Gioconda. Aus welcher Sphäre dieses Bild einst hervorgegangen war, hat Benn einmal (in seinem Vortrag 'Altern als Problem für Künstler') festzuhalten versucht: »Der König bietet ihm viertausend Gulden für die Gioconda, aber er kann sich nicht von ihr trennen, der König will sie trotzdem haben, der Alte wirft sich ihm zu Füßen, weint, macht sich lächerlich vor den Gästen, er bietet ihm sein letztes Bild an, einen Johannes der Täufer, aber die Gioconda, nein, die ist sein Leben. Fünf Jahre hat er daran gemalt, fünf Jahre war er über sie gebeugt, schweigend, alternd, sie niemandem zeigend.« (Benn, 1.569) Vierhundert Jahre darauf ist das Werk zum Kultbild erloschen, man reist durch halb Europa, um im festungsähnlichen Louvre den Blick darauf zu werfen. 1911 gelingt es, das Bild zu stehlen: erst im Dezember 1913 findet man es in Florenz wieder auf. Geht Heym diesem Diebstahl nach? Daß seine Geschichte – wie die Wirklichkeit – in Florenz endet, mag ein makabrer Zufall sein; denn man findet die gestohlene Gioconda ja erst ein Jahr nach seinem Tod dortselbst wieder. Doch der Diebstahl des Werkes ist Heym ein Anlaß für eine ganz andere Geschichte.

»Ihre Augen waren sich im Raume begegnet wie zwei Dolche, die ineinanderfahren, oder wie zwei große Schlünde eines leeren Weltalls, die einander auffressen wollen. Wer wird den anderen verschlingen, welche Ewigkeit wird größer sein, die andere zu verzehren? Wer hier siegte, hatte den letzten Sieg erfochten, er hatte keinen Feind mehr, und rings um den Sieger waren entweder die unermeßliche Helle des Lichtes und die Choräle der Sonnen oder schwarze Himmel voll trostlosem Schweigen und über Haufen von Särgen der schwarze Thron Belials und die riesigen Fahnen der Hölle.« (2.77)

Der Blick der Gioconda, der den Beschauer direkt trifft, aus welchem Winkel er ihm auch begegnet, ist der Brennpunkt dieser Novelle, der das Epitheton *rätselhaft* gerecht würde, hätte es den

Gioconda-Blick, dem dieses Erzählstück nachgeschrieben ist, nicht schon durch die Prospekte bürgerlicher Kunsthistorik begleitet. Vom Tausch der Blicke wird bis ans Ende der Erzählung die Rede sein; am Ende: bis das Bild auf einem florentinischen Speicher verglüht, die Augen ihm ausgeschmolzen werden, durch deren Totengesicht dann jene des Diebes blicken, der *letzte Sieg in der unermeßlichen Helle des Lichtes.*

Was mag es sein, das das ruhige, wohl von den Gefährdungen des Gioconda-Blicks verstörte Betrachten ihres Bildes bis zum *schwarzen Thron des Belials und den riesigen Fahnen der Hölle* führt? Wird ein bürgerlicher Kult bis in den Wahn hinein parodiert? Oder gelangt dieser Dieb, der recht bald *der Irre* geheißen wird, über den Kult hinaus in Ursprünge hinab, die *einsam und alt,* wie die am Realen orientierte Skizze Benns es begründbar vermutet hat, *im schwarzen Himmel voll trostlosem Schweigen* sich spiegelten?

Der Dieb »las weiter das 17. Kapitel der Offenbarung Johannis«: »Das Tier, das gewesen ist, und nicht ist, wie wohl es doch ist.« In jenem Gedicht, 'Manchem Menschen', das dem Achtzehnjährigen, unvordenkliche sechs Jahre früher, bedeutend genug gewesen war, in einer Tagebuchnotiz (Juni 1905) festzuhalten, in ihm »habe ich mein Schicksal erkannt« (3.25), hatte sich die Mutter »mit dem Leib hin über ihren Sohn« geworfen, als »wollte sie ihn schützen gegen die Mächte aus dem Abgrund« (1.590); und vom »Tier der Tiefe« ist gleich darauf die Rede. Der Dieb hat das Rätselgesicht, dem er nächtelang im Louvre gegenübersaß, endlich ausgebrannt, und nichts ist geblieben, als »dieser große leere Mund, der wirklich nicht mehr lächelte, aber sich zu dem furchtbaren Lachen des Todes auseinandergezerrt hatte, einem Lachen unhörbar und doch laut, unsichtbar und doch da, alt und dunkel wie die Jahrtausende« (2.95).

Der einst entzogenen, nur in betulich-dümmlicher Ermahnung, seine Seele sei *nicht edel,* unbewußt zurückerstatteten Mutterliebe erwidert die Verlassenheit: »Und plötzlich konnte er, als er seine Tat übersah, das Wesen der Dinge erkennen, und er wußte, daß nichts war, kein Leben, kein Sein, keine Welt, nichts, nur ein großer schwarzer Schatten um ihn herum. Und er war ganz allein auf einem Felsen. Und wenn er nur einen Schritt tat, sank er herunter in den ewigen Abgrund.« (2.95)

Kaum jemals hat man diesem Autor das Unrecht erspart, seine Prosa in den Schatten seiner Lyrik zu rücken. Selbst der Dichter Alfred Wolfenstein, der von ihm gesagt hat, daß man an Heym »ein Riesenschiff voll unzählbarer Gestalten und Schätze« verloren habe

(4.276), schrieb im Juli 1913 in seiner Rezension: »Was in diesen Prosastücken gut ist, sind gewissermaßen reimlose Heymsche Gedichte; was weniger gut ist – ist die Prosa.« (4.275) Man hat offenbar die Thematik dieser Novellen (die die gleiche sein mußte wie in der Lyrik) mit der kompositorischen Kraft verwechselt (und diese nicht gesehen), die sich überall fähig gezeigt hat, *eine sich ereignete unerhörte Begebenheit* vorzutragen. Sie würde sinnfälliger, läse man diese Arbeiten nicht eben als phantastische Grotesken allein, sondern auch als die Prospekte zeitgenössischer Geschichte, als Vorstellung davon, wie der Mensch in ihrem immer tödlicher werdenden Umkreis lebte – leben würde. Zwei Textstücke aus nachgelassenen Arbeiten könnten das belegen:
»Manchmal schien vor ihren Augen der ganze Himmel zu brennen, und wie eine ungeheure Sonne furchtbare Protuberanzen in den Zenith zu schleudern. Dann brannten ihre Adern vor Glut und traten wie dicke blaue Wülste aus ihren Schläfen. Und die Wüste wurde immer einsamer und endloser. Die Karawane kroch wie eine weiße Schnekke die Sandberge herauf und herunter, bergauf bergab, in einer schrecklichen Monotonie. Und das ewige Rinnen des Sandes schien in ihren Ohren manchmal wie ein unterirdisches Donnern zu wachsen.« (Die Bleistadt; 2.117)
»Meine Arme sind gelähmt. Und mit furchtbarem Entsetzen sehe ich, daß auch die anderen die Beute dieser Erstarrung geworden sind. Wir können einfach kein Glied mehr rühren, selbst unsere Zungen sind starr, nur in den Augäpfeln der anderen sehe ich jenes schreckliche bleierne Licht des Grauens, wie es der Vogel hat, den eine Kobra zum Erstarren brachte. Und wie auf Befehl machen wir vier plötzlich kehrt, wir treten hintereinander, wir heben die Beine wie Automaten. Und fort geht es mit uns, geradeaus durch die Wildnis, von einer unsichtbaren unbezwinglichen Energie wie eine Truppe Marionetten in Bewegung gehalten.« (Das Tagebuch Shakletons; 2.140)
Den Mythisierungen, die Heyms Tod gefolgt sind – und die folgerichtig zu verschwinden begannen, als sein Grab applaniert wurde –, wird vor allem mit seiner eigenen Geschichte zu begegnen sein; denn er selbst hat empfunden, »daß meine Dichtung der beste Beweis eines metaphysischen Landes ist, das seine schwarzen Halbinseln weit herein in unsere flüchtigen Tage streckt« (3.164). Ob die flüchtigen Tage der Zeitgenossenschaft jene schwarzen Inseln alsbald im Ozean ihrer Verfinsterung hätten verschwinden lassen, wäre nicht *klar das Licht der Erkenntnis* von ihnen ausgegangen, mag unsicher bleiben in einer Zeit, die sein Werk dem Kulturkonsum subsumiert hat, es aber

insgeheim (wie Benn die Historie) wohl für eine *Krankengeschichte von Irren* hält.

Auch die kühle Betrachtung der lebensgeschichtlichen Vorgänge – der nicht einmal die Eingangsnotiz zum letzten Tagebuch des Vierundzwanzigjährigen, der *nicht den Weg weiß*, tieferen Eindruck machen muß – wird die Neigung zur Selbstvernichtung kaum gänzlich übersehen dürfen. Nicht am Mythos, dem er nicht mehr wehren konnte, allein an den historisch begründbaren Aporien dieses Lebens wäre sie zu messen – mitnichten an der (auch geäußerten) Aussicht, er wäre einer der ersten Gefallenen von Langemarck, Horodec, Grodek oder Zandvoorde gewesen. Im Feld zwischen Eros und Thanatos hat Heym ein Kunstwerk hervorgebracht, das allein der Sammelwitz der Nachwelt einer Bewegung einverleibte, die sie den Expressionismus hieß.

An seinen letzten Lebensmonaten mag zu erhellen sein, was es heißt, wenn düstere Aggressivität, die sich noch im Alleinsein oben auf einem Felsen äußert, in leiser werdende Hoffnungslosigkeit übergeht. Ein erst in den Band 'Dichtungen', der 1922 erschien, aufgenommenes Gedicht, entstanden im September 1911, lautet:

Letzte Wache

Wie dunkel sind deine Schläfen.
Und deine Hände so schwer.
Bist du schon weit von dannen.
Und hörst mich nicht mehr.

Unter dem flackernden Lichte
Bist du so traurig und alt,
Und deine Lippen sind grausam
In ewiger Starre gekrallt.

Morgen schon ist hier das Schweigen
Und vielleicht in der Luft
Noch das Rascheln von Kränzen
Und ein verwesender Duft.

Aber die Nächte werden
Leerer nun, Jahr um Jahr.
Hier wo dein Haupt lag, und leise
Immer dein Atem war.
(1.342)

Der historische Kontext ist 'Der Krieg', ist 'Die Menschen stehen vorwärts in den Straßen'. Im gleichen Augenblick des Monats September 1911 entsteht ein Gedicht, das Versen aus dem November 1910 nachzusprechen scheint, in denen es hieß: »Laß ab von Weinen. Bei den Toten unten / Im Schattenlande werden bald wir wohnen / Und ewig schlafen in den Tiefen drunten, / In den verborgenen Städten der Dämonen.« (1.153) In diesem 'An meinen Leichnam' gerichteten Gedicht ist der Widerschein der grellen Aggressivität erloschen, die die *Städte der Dämonen,* der Vernichtung überantwortet, sich und dem Liebchen zur Wohnung des Todes erkoren hatte. Das Gedicht lautet:

Einst wird es dicht aus deinem Haupte klettern,
Das unten fault, der krummen Wurzeln Schuh,
Ein Wald, der Witwen gleich, mit dunklen Blättern
Auf Gräbern hockt und schaut den Toten zu.

Wo herbstlich niedre Sonnen langsam schweben
Im Schoß der Abende, in roter Glut,
Wirst du noch einmal deine Hände heben
Im Feuer wärmend dein gestocktes Blut.

Dann kommt die Nacht. Du siehst die Zweige zittern,
und wieder klingt dein ausgehöhlter Kopf,
Wenn sich erhebt vor deinen Wurzel-Gittern
Aus blauer Schlucht des Mondes goldner Schopf.

Du schaust die Fahnen und den Tanz der Jahre,
Mit deiner Lunge Tüchern zugedeckt,
Sechs lange Knochen und ein Büschel Haare,
In weiter Ruhe ewig ausgestreckt.

Und langsam sinkt dein Grab, im Wald verloren,
Niemand mehr sucht es in der Dornensaat.
Nur manchmal durch die Tore deiner Ohren
Zieht noch ein Maulwurf seinen blinden Pfad.

Dann schwillt dein Herz im Schlummer, das verdorrte,
In roter Blumen Duft, die du genährt.
Und Bienen kommen zu dem warmen Orte,
Wo goldner Dunst von vielem Honig gärt.

Die Schafe hörst du über deiner Stätte
Weiden, der Flöte nach, die ferne hallt.

Und ewig rauscht auf deinem grünen Bette
Wie Harfen tönend laut der große Wald.
(1.343)

Was dieses Gedicht unvergeßlich macht, auch abseits vom makabren Gegenstand, das Zurückhorchen in den Gang der Schöpfung, erinnert an anderes, das doch ähnlich den immer entsetzlicher zur Sprache kommenden Todesängsten widersprochen hat: Es ist der schon zitierte Atalanta-Monolog (2.368), es ist das Gedicht 'Der Tod der Liebenden', das im gleichen Jahr (1910) entstanden ist und in dem es hieß: »Der Tod ist sanft. Und die uns niemand gab, / Er gibt uns Heimat. Und er trägt uns weich / In seinem Mantel in das dunkle Grab, / Wo viele schlafen schon im stillen Reich.« (1.153) Aber man fragt sich denn doch, wo das Urbild dieser Erinnerung sich auffinden läßt, das so beredt der Hoffnungslosigkeit in den Weg tritt.
Der Gründlichkeit der Editoren ist es zu danken, daß es eine ganze Reihe von Zeugnissen über Heyms Gymnasialzeit in Neuruppin gibt; nicht zuletzt darüber, was im Deutschunterricht behandelt worden ist. Wohl hat er mit fast allem, was er las (außer bestimmten griechischen und römischen Klassikern), dem Kanon der Lehrpläne widersprochen; aber die Vermutung mag erlaubt sein, daß ein bestimmter Text eines Mannes, der ihm sonst über die Maßen gleichgültig, ja »langweilig« erschien, ihn aus zwei Gründen tiefer beschäftigt hat: zum einen, weil er sich einem Gegenstand der antiken Geschichte zuwandte, zum anderen, weil dieser Text Belege für antike Sinnbilder des Todes vorlegte, die den Schreckbildern der europäischen Christenheit widersprachen. Man las Lessings Untersuchung 'Wie die Alten den Tod gebildet' zu Neuruppin im Gymnasium. Dieser Text trägt als Motto einen Satz aus der 'Thebais' des Statius: »Für niemand ist traurig dies Bildnis«.
Im Streit mit einem Alterthumskrämer lautet Lessings bündiges Urteil: die Alten hätten den »Tod als den Schlaf und den Schlaf als den Tod« gebildet. Die Arbeit endet mit den folgenden Sätzen: »Gleichwohl ist es gewiß, daß diejenige Religion, welche dem Menschen zuerst entdeckte, daß auch der natürliche Tod die Frucht und der Sold der Sünde sei, die Schrecken des Todes unendlich vermehren mußte. Es hat Weltweise gegeben, welche das Leben für eine Strafe hielten; aber den Tod für eine Strafe zu halten, das konnte, ohne Offenbarung, schlechterdings in keines Menschen Gedanken kommen, der nur seine Vernunft brauchte. Von dieser Seite wäre es also zwar vermutlich unsere Religion, welche das alte heitere Bild des

Todes aus den Grenzen der Kunst verdrungen hätte.« (Lessing, 5.737) Ein Beleg dafür, daß Heym dieses Textstück im Gedächtnis geblieben sein muß, fehlt. Für einen aber, dessen späte Lyrik sich wie das Zitat der umfassenden Strafgerichts-Vorstellung aus der Apokalypse liest, sind diese antikischen Wendungen staunenswert: so tief sprechen sie von einer trostfähigen Vernunft, so fern sind sie den drohenden Instanzen, daß man fast meinen möchte, jenseits eines kaum verblaßten Eindrucks seien noch die naturfernen Verse geschrieben allein, um ans Ziel dieser Strophen zu gelangen: einem Verständnis von Selbstaufgabe eingesenkt, die in ihren leiblichen Metamorphosen der Zeit nachhorcht. Die Kinderphantasie, ewig zu leben, der Realität des Todes uneingedenk, zu sehen, was nach einem komme, entsagt in der Konspiration mit Natur dieser Wirklichkeit: »Werden wir Blumen sein? Werden wir Vögel werden, / Im Stolze des Blauen, im Zorne der Meere weit? / Werden wir wohnen in den tiefen Erden, / Maulwürfe stumm in toter Einsamkeit?« (1.290)

10. Rimbaud

Vom Unbekannten dieser Welt her gesehen, wäre ein rätselhaftes Briefkonzept zu lesen, eines der letzten überlieferten, in dem er fragt: »Können Sie mir nicht den Weg zu den Geheimnissen geben?« (3.288) So ungewiß der Grund dieser Frage auch bleiben muß, so eigentümlich ist doch das Licht, das ein Brief auf sie wirft, den der siebzehnjährige Jean Arthur Rimbaud im Jahre 1871 an seinen Freund Paul Demeney gerichtet hat. Vom Unbekannten war – wie bei Heym von den *Geheimnissen* – dort die Rede: »Der Dichter macht sich *sehend* (voyant) durch eine lange, gewaltige und überlegte *Entregelung aller Sinne.* Alle Formen von Liebe, Leiden, Wahnsinn; er sucht sich selbst, er erschöpft alle Giftwirkungen in sich, um nur den innersten Kern davon zu bewahren. Unsägliche Qual, wo er des vollen Vertrauens, der gesammelten übermenschlichen Kraft bedarf, wo er unter allen der große Kranke, der große Gesetzbrecher, der große Verdammte wird, – und der höchste Wissende! – Denn er kommt an beim *Unbekannten!* Weil er seine schon reiche Seele weiter hinaus gebildet hat, weiter als irgend jemand sonst!« (Rimbaud, 25)
Überflüssig zu sagen, daß dieser Blick nichts zu tun hat mit dem Sehertum des Grauens, dem wohlverwahrten Mythos; das macht der Brief eindeutig. Rimbauds desolate Einsicht, daß der Erkenntniswille von Kunst und Wissenschaft *eines* Ursprungs – im Zeitalter rationalistischer Weltbilder aber mit derselben Hoffnungslosigkeit verse-

hen ist, brach sein Werk ab: Er war neunzehn Jahre alt, als er zu schreiben aufhörte. Bei Heym, der Rimbaud seit vielen Jahren las (K.L. Ammers Übersetzungen waren 1907 in Leipzig erschienen) – freilich den oben zitierten Brief kaum gekannt haben dürfte (die Ausgabe der 'Lettres' lag seit 1899 vor) –, war von der gleichen Angst vor Erfahrungsverlusten die Rede.
Paul Zech hat sich über drei Jahrzehnte nach Heyms Tod an dessen »Vorliebe« für Rimbaud erinnert, »den man damals in Deutschland kaum kannte. Das *Bateau ivre* schien ihm das Vorbild für seine eigenen Dichtungen zu sein. Bestimmt ist seine *Ophelia* unter dem Einfluß der Rimbaudschen entstanden.« (4.98) So wichtig ein möglicher 'Einfluß' da auch immer gewesen sein mag: Vorbilder im Sinn einer Nachahmung sind die Verse des 'Bateau ivre', der 'Voyelles' oder der 'Corbeaux' für Heym kaum gewesen. Vollends zur bloßen Anregung wird das Urbild, wenn man die ersten Strophen der Ophelia-Gedichte nebeneinanderstellt:

Auf stiller, dunkler Flut, im Widerschein der Sterne,
geschmiegt in ihre Schleier, schwimmt Ophelia bleich,
sehr langsam, einer großen weißen Lilie gleich.
Jagdrufe hört man aus dem Walde verklingen ferne.
(Rimbaud; Übers. K.L. Ammer)

Im Haar ein Nest von jungen Wasserratten,
Und die beringten Hände auf der Flut
Wie Flossen, also treibt sie durch den Schatten
Des großen Urwalds, der im Wasser ruht.
(Heym; 1.160)

Aus dem symbolischen, fast höfischen Charakter vermittelnden Bild Rimbauds ist ein auf den ersten Blick abstoßendes Leichenbild geworden; die schönen Wälder, aus denen das Halali (wie es bei Rimbaud im Original heißt) der Jäger tönt, sind jetzt ein Urwald, Ophelias Schleier sind Flossen.
Es war nicht der Einfluß, es war der Eindruck, der Blick in die Existenz eines ähnlich organisierten Lebens, in seine Zeichensprache, die hier vermittelnde Kraft gehabt haben. Rimbaud zählte zu denen, die er liebte, weil sie »ein zerrissenes Herz haben« (3.128) – und er zählte auch zu denen, in deren »Schatten« er sich nach eigenem Zeugnis wagen durfte, »ohne vor Blässe und Schwachheit zu ersticken« (3.149). Ein Bild Rimbauds hing in Heyms Zimmer: *deios* hatte er in großen Schriftzügen darauf gemalt. Erst in Verbindung mit seinem

Leben wird auch die Poesie Rimbauds bestimmend für Heym gewesen sein. Die Kabarettistin Emmy Ball-Hennings, die ihn noch Ende Dezember 1911 in München sah, schrieb später: »Sein Gesicht hat entschieden Ähnlichkeit mit dem von Arthur Rimbaud, von dem ich mehrere Bilder sah. Er war kräftig, robust sogar gebaut und auch seine Gesichtszüge waren nicht frei von einer gewissen Wildheit, die erschreckend hätte wirken können, wenn diese wilde, jungenhafte Energie nicht durch eine schwermütige Sanftmut der Augen gedämpft worden wäre. Er war halb Rowdy, halb Bandit und halb Engel, und so zeigte sich auch sein Wesen.« (4.89)
Was Heym dazu bewegt hat, plötzlich Anfang Januar nach Metz – und wahrscheinlich Nancy – aufzubrechen, um sich beim Elsässischen Infanterie-Regiment zu bewerben, bleibt ungewiß. Ein endgültiger Auf- und Ausbruch konnte es nicht sein: In einer kurzen Mitteilung an Rowohlt (3.286) heißt es, daß er die »Novellen-Manuskripte seiner Reise wegen nicht bis zum Wochenende senden könne«. Am 7. Januar ist er wieder in Berlin, am 12. verspricht er Rowohlt die Übersendung für »Montag oder Dienstag«.

11. Der Tod

Am Dienstag, den 16. Januar 1912, verläßt Georg Heym in der Frühe das Elternhaus, um sich am Bahnhof Charlottenburg mit dem Freund Ernst Balcke zum Schlittschuhlaufen zu treffen. Man wollte den ganzen Tag über bis zum Einbruch der Dunkelheit auf dem Eis bleiben. Das Ziel war Wannsee. Um die Mittagszeit langten die beiden auf der Insel Lindwerder am Ostufer der Havel an. In einem kleinen Restaurant wärmten sie sich auf, aßen etwas und betraten erst am frühen Nachmittag das Eis.
Als sie spät abends noch nicht heimgekehrt waren, brach Rudolf Balcke auf, sie zu suchen. Er muß die Suche aufgeben. Erst am 20. Januar findet man Heym, am 6. Februar Ernst Balcke. Von Waldarbeitern hat man sich berichten lassen, sie hätten am 16.1. »in den frühen Nachmittagsstunden zwei Schlittschuhläufer beobachtet, die in etwa 800 bis 1200 Meter Entfernung von ihrer Arbeitsstelle, flußauf, unterhalb Lindwerder in der Nähe der Fahrrinne eingebrochen seien. Fast eine halbe Stunde lang habe der eine gellende Hilferufe ausgestoßen, sie hätten ihn auch im Eise sehen können, aber da es ihnen an Leitern, Stangen und Booten gefehlt habe, vermochten sie nicht zu helfen.« (4.459) Am kommenden Tag erschienen die Zeitungsnachrichten über den Unglücksfall.

Bei milderem Wetter setzt man am 20. Januar die Bergungsversuche fort. An verschiedenen Stellen werden Löcher ins Eis geschlagen, der Grund wird mit Stangen abgesucht. Gegen 14.30 Uhr wird der Leichnam Heyms aus der Havel gezogen, fast an der gleichen Stelle, an der man Tage zuvor eine Mütze gefunden hatte: zwischen Lindwerder und Schwanenwerder. Die Leiche lag zwischen Wasserpflanzen auf dem Seegrund. Sie war nicht vereist. Man fand sie erstarrt und mit verkrampften, an den Leib gezogenen Beinen, die Rennschlittschuhe an den Füßen, mit wunden, zerkratzten Händen und verzerrten Gesichtszügen. Auf einem Pferdewagen wurde er durch den verschneiten Grunewald zu dem kleinen Selbstmörderfriedhof Schildhorn gebracht. In einer Bretterbude bahrt man ihn auf. Drei Tage später sargt man ihn ein. Am 24. Januar begräbt man Georg Heym in den Mittagsstunden auf dem Friedhof der Luisengemeinde Westend am Fürstenbrunner Weg. Das Grab wird 1942, nach Ablauf der dreißigjährigen Frist, eingeebnet. Der Grabstein wurde entfernt.

Oder – wird niemand kommen?
Und werden wir langsam zerfallen
Zu dem Gelächter des Monds,
Der hoch über Wolken saust,
Zerbröckeln in Nichts,
Daß ein Kind kann zerballen
Unsere Größe dereinst
In der dürftigen Faust?

Literaturangaben

1. Editionen

Georg Heym: *Dichtungen und Schriften.* Herausgegeben von Karl Ludwig Schneider unter Mitarbeit von Gerhard Burkhardt, Klaus Hurlebusch, Dieter Knoth, Erwin Loewenson, Gunter Martens, Dieter Marquardt, Paul Raabe, Curt Schmigelski, Uwe Wandrey. Band 1: Lyrik; Band 2: Prosa und Dramen; Band 3: Tagebücher, Träume, Briefe. Band 4 (früher Band 6): Dokumente zu Leben und Werk. München 1960 ff.

Georg Heym Lesebuch. Gedichte, Prosa, Träume, Tagebücher. Herausgegeben von Heinz Rölleke. München 1984

Georg Heym Werke. Herausgegeben von Karl Ludwig Schneider und Gunter Martens. München 1971 (= Schneider a)

2. Zitierte Literatur

Theodor W. Adorno: *Ästhetische Theorie.* Hrsg. Gretel Adorno und Rolf Tiedemann. Gesammelte Schriften Band 7. Frankfurt 1984.

Theodor W. Adorno: *Ohne Leitbild.* Parva aesthetica. Frankfurt 1967 (= Adorno II)

Richard Alewyn: *Das große Welttheater.* Die Epoche der höfischen Feste. München 1985

Walter Benjamin: *Illuminationen.* Ausgewählte Schriften. Frankfurt 1961

Walter Benjamin: *Berliner Kindheit um Neunzehnhundert.* Frankfurt 1962

Georg Büchner: *Werke und Briefe.* Hrsg. Fritz Bergemann. Wiesbaden 1958

Gottfried Benn: *Gesammelte Werke in vier Bänden.* Hrsg. Dieter Wellershoff. Wiesbaden 1958 ff.

Jacob Burckhardt: *Über das Studium der Geschichte.* Der Text der 'Weltgeschichtlichen Betrachtungen' auf Grund der Vorarbeiten von Ernst Ziegler nach den Handschriften herausgegeben von Peter Ganz. München 1982

Norbert von Hellingrath: *Hölderlins Wahnsinn. Neue deutsche Beiträge.* München 1922

Friedrich Hölderlins gesammelte Briefe. Hrsg. Ernst Bertram. Leipzig 1935

Max Horkheimer: *Notizen 1950 bis 1969 und Dämmerung.* Notizen in Deutschland. Hrsg. Werner Brede. Einleitung von Alfred Schmidt. Frankfurt 1974

Walther Killy: *Elemente der Lyrik.* München 1972
Walther Killy (Hrsg.): *Die deutsche Literatur.* Texte und Zeugnisse. Band 7: 20. Jahrhundert. 1880-1933. München 1967 (= Killy II)
Hermann Korte: *Georg Heym.* Stuttgart 1982
Gotthold Ephraim Lessing: *Gesammelte Werke in zehn Bänden.* Hrsg. Paul Rilla. Berlin und Weimar 1968
Ludwig Marcuse: *Mein 20. Jahrhundert.* Auf dem Weg zu einer Autobiographie. München 1960
Friedrich Nietzsche: *Werke in drei Bänden.* Hrsg. Karl Schlechta. München 1960
Edgar Piel: *Der Schrecken der 'wahren' Wirklichkeit.* Das Problem der Subjektivität in der modernen Literatur. München 1978
Kurt Pinthus (Hrsg.): *Menschheitsdämmerung.* Symphonie jüngster Dichtung. Berlin 1920
Florens Christian Rang: *Historische Psychologie des Karnevals.* Hrsg. Lorenz Jäger. Berlin 1983
Arthur Rimbaud: *Briefe, Dokumente.* Übersetzt, erläutert und mit einem Essay 'Zum Verständnis der Sammlung' hrsg. v. Curd Ochwadt. Hamburg 1964
Arthur Rimbaud: *Gedichte.* Aus dem Französischen übersetzt von K.L. Ammer. Mit einem Geleitwort von Stefan Zweig. Nachdruck der 1907 in Leipzig erschienenen Auflage. Frankfurt 1984
Peter Rühmkorf (Hrsg.): *131 expressionistische Gedichte.* Berlin 1976
Karl Ludwig Schneider: *Der bildhafte Ausdruck in den Dichtungen Georg Heyms, Georg Trakls und Ernst Stadlers.* Studien zum lyrischen Sprachstil des deutschen Expressionismus. Heidelberg 1968
Peter Szondi: *Hölderlin-Studien.* Frankfurt 1967
Hans Wollschläger: *Herzgewächse oder Der Fall Adams.* Fragmentarische Biographik in unzufälligen Makulaturblättern. Erstes Buch. Zürich 1982.

Inhalt